LA POLITIQUE TRADITIONNELLE

PAR

LE CHEVALIER

ADOLPHE PIEYRE

conseiller municipal de Nimes.

NIMES

DE L'IMPRIMERIE P. LAFARE

place de la Couronne, 1.

1875

LA
POLITIQUE

TRADITIONNELLE

LA
POLITIQUE
TRADITIONNELLE

PAR

LE CHEVALIER

ADOLPHE PIEYRE

conseiller municipal de Nîmes.

NIMES

DE L'IMPRIMERIE P. LAFARE

place de la Couronne, 1.

1875

PRÉFACE

Il y a plusieurs manières de servir son pays : par l'épée, par la plume, et par la parole. Celui qui, doué de qualités puissantes, a le bonheur insigne de réunir à la foi le talent de l'orateur à l'esprit de l'écrivain ou à l'audace de l'homme de guerre, celui-là peut être considéré comme un grand citoyen, à la condition toutefois que sa parole exaltera la vertu et stigmatisera le vice, que sa plume confondra l'hérésie et mettra en relief la vérité, que son épée renversera les idoles et protégera le juste. Combien ils sont rares ceux-là ! Ils sont tout au plus quelques-uns dans le panthéon de l'histoire; on pourrait les compter. Ils s'appellent : Xénophon, César, Polybe, Tite-Live et Tacite, dans l'histoire ancienne; Froissard, Joinville, Commines, Montluc Cervantès, Castro et Camoëns, dans l'époque moyenne; le maréchal de Broglie, Florian, Ségur, Jomini, Biron, Chateaubriand, dans les temps modernes. Ils ont offert beaucoup à leur mère-patrie, dont ils ont été les premiers citoyens.

Chacun offre du reste ce qu'il peut; il y en a qui déposent des dons précieux sur l'autel du Seigneur, d'autres des choses d'un moindre prix; chacun fait suivant ses forces. L'essentiel est qu'on ait conscience d'avoir fait son devoir, sans être guidé par l'intérêt, qui, en politique, est la pire des choses.

Je viens à mon tour offrir ma faible part d'idées et de travail à la patrie française; je viens, si c'est possible, rendre la lumière aux aveugles, et indiquer leur route aux égarés, car il y a dans l'ordre politique et moral des guides, tout comme dans l'ordre matériel et physique. J'offre quelques pages d'histoire, que je dédie à tous les hommes de bon sens. C'est vous dire à quelle petite quantité de mes concitoyens je m'adresse.

Si je publie cet ouvrage, ce n'est certes pas pour avoir l'honneur et même le plaisir de composer un livre, ou satisfaire quelques goûts littéraires, mais seulement pour essayer de rendre service au pays qui m'a donné le jour.

Le sujet que je m'impose est tel que si j'en parle,

grâce à Dieu, d'une manière conforme à la vérité, il aura le mérite de récréer l'esprit du lecteur et d'éclairer en même temps les représentants de la France. Les amis de la tradition politique et religieuse, ceux qui ont inscrit sur leur drapeau la devise populaire de : « Dieu, Patrie, Roi » m'applaudiront, sans doute ; les autres, les gens avides, les repus et les ventrus, aux cœurs fermés à tous sentiments droits, ceux-là s'efforceront d'étouffer ma voix, et chargeront quelque plume mercenaire du soin de me flétrir. Les insultes ne peuvent rien, quand il s'agit du triomphe du bien ; un homme vraiment fort est au dessus des mugissements de la foule.

Des esprits abusés me taxeront sans doute de clérical ou de réactionnaire ; je me glorifierai toujours de ces épithètes si mal comprises par le temps qui court. La politique et la religion ont une carrière commune et doivent la plupart du temps marcher ensemble.

Je n'ai jamais compris du reste qu'on cherchât à séparer la religion de la politique. La politique honnête n'a-t-elle par pour but de perfectionner les âmes en augmentant sans cesse la richesse morale de la nation, et d'améliorer le sort des sujets en augmentant aussi la richesse matérielle; ou peut-elle atteindre ce but sans la religion catholique? « Il y a que la religion qui entende la politique, a dit M. de Bonald. La politique se fortifie de tout ce qu'elle accorde à la religion et elle s'appauvrit de tout ce qu'elle lui refuse. » *Omnia moventur religione,* dit de son côté Cicéron.

Mes ennemis seront nombreux, parce que la politique que je demande n'est pas autre chose qu'une politique honnête, conforme aux traditions séculaires de la France, et non une politique d'expédients, seule désirée par les faiseurs, les exploiteurs et les ambitieux.

Ce n'est pas sans appréhension, il est vrai, que je m'engage dans une œuvre hérissée de difficultés sans nombre, mais quoique la tâche soit rude, je chercherai à l'accomplir et à traiter une telle matière avec conviction et force. *Cogitare* et *Cogere,* voilà mon point d'appui.

Dans cet ouvrage dont le titre est maintenant tout trouvé : *La politique traditionnelle,* — je prêcherai l'union et la concorde chez les bons, je conseillerai toujours l'action et le châtiment contre les méchants. Avec l'union sur le terrain des principes, on peut faire de grandes choses en France. Jules César, qui connaissait bien les Gaules , le pensait déjà de son temps ; c'est pourquoi, sur le piédestal de la statue du prince arverne Vercingétorix, à Alise, en Bourgogne , on a eu le soin de graver cette inscription tirée des commentaires du général romain :

LA GAULE UNIE

FORMANT UNE SEULE NATION

ANIMÉE D'UN MÊME ESPRIT,

PEUT DÉFIER L'UNIVERS.

Je m'appliquerai à montrer que l'ordre matériel n'est rien sans l'ordre moral, car j'ai toujours pensé que la tête devait gouverner le corps, comme le général commande aux soldats. Pour moi , le meilleur gendarme sera toujours le roi, haï, détesté, abhorré par la Révolution, qu'il est seul capable de terrasser.

Je ne viendrai pas, sous prétexte de sauver la France, proposer à mon pays, des constitutions qui ne servent qu'aux bavards et aux intrigants, je viens seulement donner quelques conseils tirés des leçons de l'histoire et essayer de résoudre les questions les plus importantes qui intéressent notre époque. Les constitutions faites par les hommes ne signifient rien, absolument rien. Toute constitution vient de Dieu, qui donne aussi bien aux nations qu'aux hommes et à la plante une constitution conforme à leur essence et à leur caractère. La constitution première de toute nation est confiée à la garde d'un seul homme, le roi, si le pays est une monarchie; de plusieurs, s'il s'agit d'une république. En France, le roi seul de par le droit divin, a le pouvoir de nous transmettre cette constitution : *Lex fit consensu populi et constitutione regis.*

On n'aura pas besoin, comme Protée, de me charger de chaînes pour me contraindre à dévoiler les secrets que de longues méditations et une étude approfondie du caractère humain m'auront enseignés ; un sentiment patriotique et chrétien, m'aura seul ouvert la bouche, et je voudrais que le cri de mon cœur fût entendu par tous, du grand comme du petit, du fort comme du faible. La vérité, et rien que la vérité, tel est le fond de ce livre. Le peuple français est malheureux aujourd'hui, parce qu'il a été trop flatté, et que jusqu'ici, il n'a vécu que de vains mots et de mensonges. *Amicus Plato, sed magis amica veritas.* Que celui qui craint la lumière, que celui qui tremble en entendant la vérité, n'ouvre pas ce livre qui n'est pas fait pour flatter les mauvaises passions, mais seulement pour dire à mes concitoyens ce qu'ils seraient capables de faire, s'ils comprenaient bien le rôle qui leur est échu dans le monde.

J'ai divisé mon sujet en plusieurs chapitres, afin d'en faciliter la lecture et chacun des chapitres traitera d'un sujet différent. J'esquisse à grands traits, sans m'arrêter à aucun détail, laissant au lecteur le soin de compléter mes récits, en consultant les meilleurs ouvrages d'histoire. Les principales questions européennes seront successivement traitées, m'appuyant toujours sur l'intérêt national, catholique et populaire; je serai impitoyable pour la franc-maçonnerie et les sociétés secrètes en général, pour ces libéraux omnicolores doublés tous de rhéteurs, qui ont perdu toutes les nations, depuis l'Empire romain jusques à la Pologne. L'absurde luttant contre le vrai, l'ombre voulant emprisonner la lumière, l'erreur travaillant à assujettir la joie et la croyance, ne peuvent produire d'autre résultat que le démembrement honteux de la patrie.

C'est donc à la recherche de la vérité par les principes sauveurs que nos efforts doivent tendre, et nous n'aurons rien fait tant qu'il restera encore quelque chose à faire : *Nil actum reputans, si quid superesset agendum.*

LA POLITIQUE DE L'INTÉRIEUR

—

On a dit souvent que la France était ingouvernable, et la plupart de ceux qui ont propagé
cette idée, sans trop savoir pourquoi sont partis de
ce principe faux qui s'appelle le fait accompli pour
égarer l'opinion publique et jeter le désarroi
dans les esprits. Les insensés ont cru souvent
bien faire, et c'est ce qui explique la naïveté
des hommes d'entre-deux, qui se sont imaginés
qu'on pouvait gouverner un pays aussi viril, aussi
passionné que la France avec des expédients ou
des aventures.

D'autres, plus coupables, se sont servis du pré-
jugé répandu pour s'emparer du pouvoir et satisfaire leur ambition. Ceux-là sont des misérables.
C'est pourquoi, depuis l'ère de nos révolutions, on
a inventé toutes sortes de mots plus ou moins ba-
roques, qui ont eu la prétention de désigner la

forme du gouvernement de la France ; c'est ainsi
que nous avons vu successivement se succéder la
monarchie constitutionnelle où le roi règne et ne
gouverne pas, la Terreur, le Directoire, le Consulat, l'Empire, la royauté avec la Charte, le gouvernement de Juillet, la République de 48, l'Empire autoritaire, l'Empire libéral, et puis la
dictature du 4 septembre, la Commune, le Thier-
sisme, le Septennat, le Ventavonnat, le Wallonat
et tous les petits systèmes qu'engendre la forme
révolutionnaire. La piperie des mots a de son côté
joué son rôle durant ces intervalles, et le sens
commun a fait défaut autant que le sens moral.
C'est ainsi encore qu'on a inventé ces fameux
mots : les principes de 89, les conquêtes de la
Révolution, la Franche marche, l'Empire c'est la
paix, être plus royaliste que le roi, le régime du
sabre, les fourgons de l'étranger, le parti royaliste veut le rétablissement de l'ancien régime, la
nation armée, la levée en masse, et tant d'autres
expressions bien propres à soulever l'esprit peu
éclairé des masses.

La calomnie s'en est aussi mêlé, et quand une
lettre vraiment écrite en français (je ne veux point
ici médire de M. Barthélemy Saint-Hilaire) a
paru dans le moniteur des gens de bien, l'*Union*,
la France s'est mise à trembler comme une

feuille d'automne, et les faiseurs de grands mots ont rabaché que le roi légitime voulait faire revivre le moyen âge. La France terrifiée de son roi légitime, cela s'était-il jamais vu !

La France ingouvernable, lorsqu'à la parole d'Henri V, elle se prend à trembler ? Vraiment, c'est par trop fort. Et quels sont ceux qui ont pu faire croire au peuple de pareilles balourdises. La France ingouvernable ! Mais on oublie donc sans doute que ses rois légitimes l'ont gouvernée pendant de longues années, lui ont valu quatorze siècles de gloire, de prospérité et de grandeur ! Sous la pression des systèmes révolutionnaires, oui, la France est en effet ingouvernable, parce qu'il lui manque un point d'appui, un principe de vie, une unité d'action, le sentiment d'une mission glorieuse et chevaleresque ; mais sous la main ferme et respectée d'un roi très chrétien, les vieilles rancunes s'apaisent, les affaires reprennent, et alors le crédit devient immense, la joie est générale, partout l'ordre est assuré d'une façon complète. Depuis 1789, on s'est efforcé à gouverner sans Dieu, et l'on est arrivé aux grands effarements, à l'aveuglement et à la décadence. Sous prétexte de progrès, on a reculé de plusieurs siècles, et les autres nations de l'Europe se sont moquées de nous. Nos plus cruels ennemis, nous ont engagé à rester en

République et nous y sommes restés par bravade,
par forfanterie, tout en sachant que la monarchie
était notre seule planche de salut. Dieu nous avait
bien envoyé préalablement mille avertissements,
mais nous n'avons pas voulu en tenir compte ! O
puissance de l'aveuglement, ô révolution, comme
tu t'es acharnée sur ta pauvre victime ! Essayons
cependant de faire voir la vérité, car l'éducation
du peuple français est toute à refaire, depuis surtout que l'Empire a baillonné toute lèvre indépen-
dante pendant ses dix-huit ans d'existence. C'est
là le devoir des royalistes, dans ce siècle de calomnie et de préjugés; ils ne baisseront jamais pavillon ; ils lutteront jusques à la dernière heure,
tombant les armes à la main plutôt que de se
rendre, car le jour de leur mort sera aussi le jour
où sonnera la fin de la France.

La base principale de la politique révolutionnaire à l'intérieur a été la centralisation, qui a fait
naître l'asservissement de la province par Paris ;
les grandes agglomérations dans les villes, dans la
capitale surtout ; le luxe effréné, l'orgueil et la
misère intense à côté d'une richesse ridicule. Les
bras ont manqué dans la campagne, on n'a rien
fait pour les arracher de Paris, au contraire, on a
cherché à les y attirer, et ces bras, après avoir
refait la Babylone moderne, l'ont eux-mêmes

incendiée, pour avoir de nouveau le plaisir de la reconstruire. Singulier moyen pour avoir du travail ! Et il en sera toujours de même tant que la revolution voudra se mêler de gouverner !

La centralisation a amené aussi à Paris tout ce que la province possédait de plus ambitieux et de plus distingué ; les beaux esprits ont dépeuplé les anciennes villes savantes de province, où, avant la Révolution, il existait encore quelque vie littéraire et politique, telles que Toulouse, Montpellier, Poitiers, Rennes, Aix, Grenoble. Les hommes entrainés à Paris ont fini par se gâter au contact des mauvaises idées ; au lieu de rendre à leur pays quelques services, ils lui ont été à charge. Ils ont attaché à leur suite la fleur de la jeunesse de province, brûlant de les entendre au collége de France ou à la Sorbonne, et cette jeunesse s'est promptement dissipée et corrompue ; elle s'est étiolée sous les feux du boudoir, dans les bals publics, et, un beau jour, elle s'est trouvée jetée sur le pavé du quartier latin, tandis que les beaux esprits incrédules, matérialistes et même athées, qui l'avaient attirée à Paris se prélassaient dans leurs fauteuils dorés de sénateurs.

La province doit-elle payer le luxe de Paris, son Opéra, ses nombreux théâtres, l'entretien de ses collections? Paris paye-t-il pour la province ?

Non ! L'État doit favoriser également toutes les villes, suivant leur importance, et dans les villes d'égale importance, il ne faut pas faire pour une plus que pour une autre. Tel est le véritable esprit d'égalité !

La centralisation à outrance veut aussi que toutes les richesses de la France soient tassées dans Paris ; si c'était possible, on y transporterait tous les plus beaux monuments de la province. Colbert et Napoléon Ier n'avaient-ils pas songé à enlever à Nimes sa Maison-Carrée pour en orner une des places de la capitale ? Le jour où la révolution triomphera complétement, ce jour-là, toutes les richesses de la France, rassemblées par les soins des centralisateurs à Paris, risqueront de brûler au milieu des brasiers d'une nouvelle Commune. Peu s'en est fallu, du reste, il n'y a pas si longtemps.

La centralisation absorbante entraîne au communisme ; elle a pris naissance sous le Consulat de Napoléon Ier. Aujourd'hui la nécessité de s'y soustraire est généralement sentie ; pour en apercevoir distinctement la cause et le remède, il suffit de remonter aux principes et d'étudier le développement naturel et légitime de la société, lorsqu'elle n'est pas troublée par les menées des hommes de la révolution. L'élément organique de la société est la famille ; lorsque plusieurs familles sont groupées dans un même lieu, elles ont des intérêts communs ; elles s'associent. On établit une autorité définie, circonscrite et responsable. Voilà la commune.

Plusieurs communes adjacentes ont aussi des intérêts généraux ; elles s'agglomèrent, elles instituent une autorité responsable. Voilà le département.

Les départements réunis composent l'Etat dont les intérêts généraux sont gouvernés par une autorité centrale, élue et responsable.

Il y a des propriétés individuelles, communales, départementales, et des propriétés de l'État. On trouve partout simultanément propriété et communauté. L'État est une union des départements, le département est une union de communes, et la commune est une union de familles.

Les affaires particulières des familles ne regardent pas la commune ; les affaires des communes demeurent étrangères au département ; enfin, les affaires particulières d'un département sont complétement indépendantes de l'administration de l'Etat.

Voilà l'ordre naturel, voilà le juste, le vrai, en dehors duquel on ne trouve que de détestables abus, la discorde, la confusion et la ruine.

Et c'est ce qui ne manque pas d'arriver, lorsqu'au lieu de circonscrire, de diviser et de pondérer les pouvoirs, le peuple s'abandonne niaisement à la direction arbitraire des charlatans politiques. Il est sûr alors d'être ruiné et profondément troublé par les extorsions et l'égoïsme ambitieux des hommes qui le gourvernent.

Alors se déroulent de poignantes misères, et surgissent des réformateurs chevelus, désireux d'acquérir, sans travail, fortune et autorité. Ils sont, disent-ils aux malheureux que la misère réunit autour de leurs tréteaux, pleins de compassion pour les souffrances du peuple. Mais que faire ? La libre concurrence et l'infâme capital engendrent facilement le paupérisme. Une réorganisation sociale est absolument indispensable. — Laquelle ? répondent les auditeurs. — Il faudrait un chef élu par vous et possédant à fond la science de l'organisation des sociétés. — Soit, nous vous élirons. — Nous serons tous frères, continue l'oratenr chevelu. Tout sera commun entre nous. Il n'y aura plus que des hommes, des femmes et des enfants de la République. Le *tien* et le *mien* soront radicalement proscrits, et nous mènerons, dans les hôtels de la République, une vie joyeuse et fraternelle. — Bravo ! répondent les ouvriers, mais le travail ? — A vrai dire, continue l'orateur, c'est là le point épineux. Il faut à votre chef une grande puissance d'initiative. Il lui faut l'administration des finances publiques et une autorité absolue sur les personnes.

Les ouvriers ne se rendent peut-être pas nettement compte des impossibilités et des horreurs qu'on leur propose, mais ils les entrevoient et se montrent moins empressés. Il est juste de dire, à l'honneur de l'instinct populaire, que ce hideux régime communo-républicain, quelqu'artifice qu'on ait employé pour le mitiger, a obtenu à peine, dans le cours des siècles, quelques commencements d'exécution.

Mais ce que le peuple tout entier ne voit pas encore suffisamment, c'est que ses vrais ennemis, ses sangsues, sont les centralistes, les centralistes, qui ne sont pas autre chose que des communistes un peu mitigés, et donc la doctrine déplorable amène infailliblement la ruine de la nation tout entière, villes et campagnes.

La commune n'étant pour rien dans les affaires matérielles de l'Etat, ne lui est attaché que par le sentiment de patrie, synonymes de mœurs, usages, amour et histoire, peines ou douleurs. Si l'Etat, centralisé à Paris, la capitale est tourmentée, disloquée de toutes façons, la province ne doit pas en souffrir ; les principes de décentralisa-

1*

tion sont là pour faire avorter le mal ; si la révolution triomphante vient à escamoter le pouvoir, il faut qu'en escamotant Paris, elle n'escamote qu'une ville, que la perturbation n'existe que dans une ville, dans une commune, et que les autres communes n'en souffrent pas, partant que la partie saine de la France soit complétement dégagée. Autrement dit que Paris lui-même paie ses monuments communaux et leur entretien, ses plaisirs et ses peines, comme cela a lieu pour la plus petite commune de France. Il faut donc que Paris, pour tout ce qui touche sa situation de ville proprement dite, ne soit pas une ville d'exception, mais pour ce qui touche seulement sa vie morale, elle soit ville, une ville à part, parce que là se meuvent la plupart des idées funestes qui engendrent les révolutions. Donc, je proposerais pour la capitale morale, Paris ; pour la capitale proprement dite, Versailles, et dans chaque ancienne capitale des provinces, des états provinciaux formés des députés de chaque province choisis par chaque arrondissement et des conseillers généraux choisis par chaque canton, réunis avant l'ouverture des Chambres, pour fixer les questions qui doivent être résolues par la Chambre de Versailles, et émettre des vœux sur les besoins de chaque région. En cas de révolution, ces Chambres réunies prononceraient, par la majorité, sur la légitimité de la révolution, qui ne pourra être légitime toutefois qu'en dehors tout à fait de la personne du Roi et des principes, qui sont la base de toute société, c'est-à-dire fidélité à l'Eglise, aux lois et à la famille royale. Voilà toute la politique de décentralisation.

Donc, la politique de centralisation doit être repoussée sur toute la ligne par le gouvernement du Roi, et la décentralisation administrative, militaire, intellectuelle et littéraire, doit être l'objet de toute sa sollicitude.

Après la centralisation, ce qu'il y a de plus dangereux pour tout pouvoir légitime, c'est le libéralisme. Le libéralisme sera combattu sans trève ni merci, parce qu'il est une des formes les plus perfides de la révolution. Le libéralisme, c'est la révolution qui cache ses griffes , sa vilaine silhouette sous un masque aimable et gracieux, mais les griffes se montrent tôt ou tard et le masque tombe dans la boue. Le libéralisme est semblable à une plaie gangreneuse, qui corrompt tout ce qu'elle touche. Notre Saint-Père le pape Pie IX l'a condamné, et par la proposition 80 du *Syllabus*, il l'a appelé *une peste ;* c'est la plus pernicieuse des erreurs modernes ; ce que la Commune n'a pas pu constituer avec son pétrole , le libéralisme le parachève doucement et triomphalement par ses doctrines. Il s'en va constituer la France, comme il constitue à Berne, à Genève et à Berlin. Il jette la conscience publique dans une sorte de léthargie morbide qui la conduit au tombeau. En politique, le libéralisme ne vaut pas mieux qu'en religion, c'est un poison mortel dans l'un comme dans l'autre cas. Et dire que toute la *duquerie* des centres s'est efforcée de vider les fioles que Satan lui avaient offertes! Le libéralisme a donné naissance à l'opposition systématique, qui a commencé sous Louis XVI, a passé violemment sur l'échafaud des Girondins, s'est dissimulé sous les riches lambris du Directoire, s'est engraissé sous l'Empire, et a repris le cours de ses travaux sous Louis XVIII, pour nous conduire en 1830, époque de son apogée. Les hommes de cette opposition n'ont connu que les honneurs, mais jamais l'honneur. Les Decazes, les de Broglie, les Falloux et les d'Audiffret en auront été les grands patriarches.

Le gouvernement légitime doit donc s'efforcer à détruire de fond en comble, le libéralisme, qui a inventé jadis l'Université, pour fausser les jugements, falsifier l'histoire et corrompre les esprits. L'Université, telle qu'elle existe aujourd'hui, est un élément dévastateur des plus terribles qui s'attaque aux plus profondes racines de la conscience, comme le philloxera s'acharne aux radicelles de la vigne. Le libéralisme c'est le puceron de l'ordre moral.

« L'Université est le grand séminaire de la franc-maçonnerie, a dit avec à propos le P. d'Alzon ».

L'Université est une des forces les plus sérieuses du Libéralisme. C'est elle qui engendre les hommes insouciants et du juste-milieu. C'est là que toute la secte des doctrinaires va puiser ses forces et chercher ses poisons. C'est là, où l'on apprend aux jeunes français à délaissser les principes et à ne compter que sur eux-mêmes, Dieu et la Providence restant suivant eux en dehors de toutes combinaisons. C'est là, où l'on enseigne la négation des lois de la logique, de ces lois qui régissent le monde des intelligences, comme les lois physiques régissent le monde des corps. L'orgueil les rend fous, mais la logique arrive toujours à temps et se venge de leurs insanités. Le ridicule s'en mêle et les contempteurs de la logique baissent pavillon. *Ridebo et subsannabo vos.* — La logique est inflexible, impitoyable, et quand un principe est posé, elle exige qu'il donne toutes ses conséquences.

L'Université est une des causes de nos désastres.

Elle n'a pas su donner l'esprit militaire à la jeunesse, et l'esprit militaire est un des signes les plus caractéristiques de la grandeur morale d'une nation. Les instituts allemands ont préparé leur revanche de 1813, tout autaut que les canons Krupp. Qu'avons-nous fait pour militariser la France ? L'Université a tout fait avec indifférence ; le jeune homme au lieu de sortir citoyen-soldat, est sorti de son sein petit crevé, rachitique et étudiant de quinzième année.

Voici, à ce sujet, quelques passages d'un excellent discours prononcé par M. Sainte-Claire Deville, dans la séance de l'Académie des sciences du 6 mars 1871 :

Oui, l'Université est depuis le premier empire le cancer rongeur de la France. C'est elle qui produit cette nuée de fonctionnaires parasites qui nous dévorent ! C'est elle qui fabrique indirectement nos orateurs de clubs, nos républicains d'estaminet, nos communistes ! Car que sait un jeune homme au sortir du collége ? Qu'a-t-il appris en huit ans ? A quoi est-il propre si l'Etat ne le prend pas à son service ? Absolument à rien.

Le malheureux se réfugie dans le contrat social de Rousseau, ou dans une traduction de la république de Platon, ou dans quelqu'un deleurs modernes commentateurs et amplificateurs. Or, dans ces ouvrages où débordent quelquefois la sensibilité, l'imagination et le génie, un jeune lecteur peu instruit, à principes incertains, ne saurait puiser que des idées étranges, fantastiques, fausses, funestes à la société.

Nous ne savons que notre langue. Notre ignorance en géographie nous rend la risée de l'Europe. On nous retient pendant des années sur les contes bleus de Nembrod, de Thèbes ou de Memphis, et on nous dérobe l'histoire si certaine, si instructive et si belle des États-Unis d'Amérique. Est-il un lycée où on l'enseigne? Non, pas un. Le pouvoir central a mis cette histoire à l'index. Je ne continue pas, la suite est trop humiliante et trop douleureuse.

Et quoi ! N'est-ce pas assez pour vous, gouvernement central, de vous occuper des finances, de l'ordre public, de la justice, de la guerre et de la marine ? Êtes-vous autre chose que l'administrateur des intérêts généraux ? Qui vous a confié la mission et le droit d'instruire ?

Vous répondez que, d'après les statistiques, la France est ignare. Or, c'est votre faute. Qu'est-ce qui s'est arrogé, en fait, le monopole de l'instruction ? Après avoir promis la lumière, quelle main a répandu l'ignorance et les ténèbres ?

Voulez-vous rendre à la France un grand service ? Supprimez le ministère de l'instruction publique et sa bureaucratie ; supprimez les inspecteurs généraux et les recteurs de vos académies, et vos académies elles-mêmes, et tout cet état-major de gens extrêmement nuisibles. Après ce licenciement, il vous restera les professeurs capables de bons services. Vous leur donnerez la liberté, et ils travailleront plus fructueusement pour le public et pour eux-mêmes.

Si l'instruction est moins avancée en France qu'en Suisse, en Allemagne, en Norvège, aux Etats-Unis d'Amérique, cela tient à ce que dans ces pays l'enseiment est libre.

Les lettres et les arts ont brillé d'un éclat incomparable dans l'ancienne Grèce. L'enseignement y était libre. Une seule chose y fut mauvaise, c'est la musique; mais aussi remarquer bien que les gouvernements l'enseignaient. L'ancienne Rome eut d'illustres orateurs et de grands jurisconsultes; jamais l'Etat n'y enseigna le droit ni l'éloquence.

Venons aux temps modernes pour apprécier l'utilité des corps savants institués et surveillés par l'Etat. Deux hommes découvrent l'un la circulation du sang, l'autre la vaccine. Ils sont conspués par toutes les facultés de l'Europe. Les admirables découvertes de Newton sur le mouvement des corps célestes et sur la lumière, bien que démontrées par le calcul et par l'expérience, sont dédaigneusement repoussées pendant vingt ans par les cartésiens de l'Académie de Paris. La même académie repousse successivement le bateau à vapeur, le chemin de fer et la télégraphie électrique. Quand le gouvernement croit poser un phare lumineux, c'est toujours un éteignoir ou une borne.

Qu'attendez-vous d'un enseignement uniforme par

toute la France? Ne voyez-vous pas que les diverses localités ont des besoins différents ? Que celui-ci doit apprendre l'anglais, celui-là l'allemand; qu'il faut à l'un la connaissance des machines, à l'autre la comptabilité? Et quel zèle apporteront dans leurs fonctions des maîtres qu'aucun intérêt personnel n'excite? Si l'autorité à laquelle ils sont soumis réside dans la corporation, ils feront tous cause commune et se traiteront réciproquement avec la plus grande indulgence. Si l'autorité réside dans un haut fonctionnaire, par exemple dans un ministre, le maître trouve sa sauvegarde, non pas dans son application à ses devoirs, mais dans sa soumission à la volonté de quelque protecteur dont il devient un instrument politique.

Voilà vingt ans que l'Université tourne et retourne ses programmes. L'enseignement a-t-il fait quelque progrès ? Non, il a reculé, mais on a atteint le but qu'on se proposait dans un esprit d'usurpation criminelle, on a ruiné les établissements privés. Pourquoi l'Université est-elle stationnaire et même rétrograde? Parce que ne dépendant de personne et tenant tout sous sa loi, elle ne cherche que ses avantages et ses commodités. De tous les modes d'éducation le sien est le plus absurde. On y trouve un énorme galimatias inutile, indistinctement imposé à tous les esprits. L'homme est scindé en deux, un abstracteur et un automate, les intelligences sont paralysées, et l'Université fait elle-même cette masse immense d'élèves inertes dont elle se plaint. Elle connaît peut-être comme tout le monde ce qu'on devrait

faire, mais son intérêt s'y oppose. L'éducation doit être
avant tout expérimentale et pratique, n'employant le
discours que pour expliquer, résumer et coordonner. On
doit permettre d'apprendre par les yeux et les mains à
qui ne peut apprendre par l'imagination et la mémoire.

L'immixtion de l'État est maladroite, injuste et funeste. Elle est maladroite, car l'État ne peut tout connaître ; un gouvernement est toujours ignorant, ce n'est
jamais de lui qu'il faut attendre nn chef-d'œuvre, une
découverte, ni même un progrès. Elle est injuste, car
l'État subventionne et prend dans la poche des uns
pour payer l'instruction des autres. Elles est funeste,
en ce qu'elle étouffe les talents par le privilége qu'elle
accorde forcément à la médiocrité ; car, où sont, je le
demande, depuis cinquante ans, les œuvres de génie, les
résultats féconds et précieux enfantés par les poules
centrales aux œufs d'or qu'on appelle le Conserva-
toire de Musique, l'École des Beaux-Arts et les Écoles
françaises de Rome et d'Athènes ?

Ayons donc enfin un peu de sens et reconnaissons
que l'instruction est un soin que l'État doit abandonner
aux familles, aux villes et aux communes ; ou mieux,
que c'est un soin que les familles, les villes et les communes ne doivent pas permettre à l'État d'usurper.

L'Université n'est pas seulement une école de
dégénération, c'est aussi une école de mensonge
et de dénigrement ; elle insinue aux jeunes intelligences pour leur faire détester la légitimité, que

l'aïeul du roi Hugues-Capet a été un usurpateur, comme si Charles de Lorraine, en cédant la Lorraine à l'Allemagne , ne perdait pas en même temps ses droits de roi de France, et comme si le descendant de Robert le Fort, dont la famille était alliée par les femmes à la famille royale des Carlovingiens, ne devenait pas dès lors le souverain légitime. Le plus proche parent du dernier Robert le Fort n'avait-il pas épousé la fille de Louis le Débonnaire ?

Elle n'apprend pas que de 1821 à 1831, l'accroissement décennal de la population française a été de 2,107,348, tandis que de 1851 à 1861, il n'a été que dérisoire.

La liberté complète de l'enseignement quel qu'il soit est la seule force capable de détruire l'odieux monopole institué par les hommes de la révolution.

Pour combattre les hommes du libéralisme et s'en débarrasser, certains esprits trop conciliants imagineront de les installer dans de bonnes places, où ils pourront s'engraisser à leur aise. Eh bien ! c'est là une erreur, car le libéral est traitre de sa nature, fourbe, bas et plus souple que le serpent ; il n'y a donc pas de pacte à avoir avec cette espèce du genre humain.

> Molière eut renoncé, s'il avait pu les voir,
> Pour les tartufes rouges à son tartufe noir.

Tout gouvernement légitime aura aussi à lutter contre l'émeute, qui se composera des hommes du césarisme et des sectes rouges , soudoyées par la franc-maçonnerie. .

Les gouvernements ont beaucoup trop négligé de s'occuper de sociétés secrètes, plus dangereuses encore aujourd'hui qu'on ne le pense généralement. Le radicalisme est cependant là dans toute sa source. De là partent les ordres, parce que là se décident les marches et les contre-marches, les ostracismes et les choix. Si le public connaissait mieux cette influence ténébreuse, il se laisserait moins séduire par les ennemis du bien. Il pourrait surtout mieux juger les automates, que les arrières-loges font mouvoir au moyen de ficelles tenues par de mystérieux meneurs. Les arrières-loges ne permettent pas au talent d'arriver très haut, si le fait contraire se produit quelquefois, comme M. de Bismarck en est un exemple, c'est qu'alors le personnage a pris des engagements monstrueux. M. de Bismarck a calculé et obtenu son succès, grâce au concours des sociétés secrètes, auxquelles il a promis de ruiner la Papauté. Les plus grands révolutionnaires ne sont que des jouets de la puissance infernale qui les domine.

Cette dernière société devra être plus activement poursuivie que l'Internationale elle-même.

Aujourd'hui les francs-maçons sont partout ; ils poussent l'audace jusques au point d'obtenir que l'on n'inquiète point leurs chefs et de forcer tous les employés à s'affilier à leur association, sous prétexte de perdre leurs emplois. Le scandale est grand partout, mais on ne vit plus que de scandale. Donc, le devoir du gouvernement sera tout tracé : il devra ordonner la fermeture de toutes les loges maçonniques et forger des lois sévères visant les affiliés aux sociétés secrètes quelles qu'elles soient. D'un autre côté, il favorisera les corporations catholiques d'ouvriers et les sociétés de secours mutuels, qui donneront de sérieuses garanties au parti de l'ordre.

Sous le gouvernement légitime, l'émeute ne sera pas à craindre tant qu'il n'y aura pas de garde nationale organisée ; en face de l'émeute, il faut toujours la décision, la vigueur et l'énergie ; jamais de demi-mesures. Les demi-mesures ont perdu Louis XVI et Charles X.

M. de Vaulabelle semble bien en convenir, lorsqu'il dit, en parlant des événements de Juillet : « Une attaque, prompte, vigoureuse, aurait eu facilement raison, sans doute du désordre, du défaut de discipline et du manque d'armes des volontaires parisiens. »

Suivons en cela les préceptes que nous donne

Tacite : « Une molle complaisance pour les rebelles ne fait qu'augmenter leur audace ; plus on leur accorde, plus ils exigent. » Ce qui était vrai au temps de Tacite, l'est aussi aujourd'hui. Il faut donc à la tête du gouvernement, dans les préfectures et les sous-préfectures, en général, depuis le premier ministre jusques au garde champêtre, une véritable armée d'hommes forts, d'hommes de principes et d'hommes d'abnégation. Ils doivent s'efforcer de faire revivre les anciens souvenirs glorieux de la monarchie, se mêler au peuple, à ses joies, à ses peines et n'avoir qu'un but : le bien des classes ouvrières, qui aiment plus que tout autres peut-être le Roi et la Religion.

De même que l'Eglise a ses fêtes et ses jours de deuil, de même la Royauté aura les siennes. Le 15 juillet, jour de la S. Henri, sera la fête nationale qui sera célébrée avec éclat. Ce jour-là, ce ne sera pas le « Panem et circenses » qui sera donné au peuple, mais le *Te Deum* de grâce et le rapprochement de toutes les classes dans l'Eglise et dans les lieux de fêtes. Après la joie la tristesse. Le 21 janvier, la France se couvrira de ses habits de deuil ; on ira entendre dans les églises la lecture du testament de Louis XVI, comme cela se passe en Angleterre, où chaque année, un bill ordonne la lecture d'une prière en commémoration de la mort de Charles Ier. Cette prière peut être prise comme modèle par les Français. La voici :

Dieu juste, Dieu puissant, toi qui as vu à pareil jour ton serviteur, le roi Charles Ier, notre auguste souverain, abandonné à la fureur des méchants et cruellement mis à mort, action infâme à laquelle nous ne pouvons penser sans frémir d'horreur, fais refleurir la religion et la paix au milieu de nous.

Toi, dont les jugements sont une source de justice et de miséricorde, arrête les fléaux que le barbare parricide commis sur Charles Ier, attire sur le royaume ; tu nous a appris qu'on ne peut trop se repentir d'avoir ôté la couronne et la vie à celui qui les possédait l'une et l'autre si légitimement.

Accorde-nous, grand Dieu, la grâce de faire les plus sérieuses réflexions sur nous-mêmes, de nous considérer comme poussière et cendre, et de tendre au but qui nous est proposé, en ayant sans cesse devant les yeux les vertus et surtout la constance de Charles Ier, ton bienheureux martyr.

Ils ont osé tenir des discours pleins de haine et de mensonge, les insensés qui lui ont ôté la vie sans cause et sans sujets ; et ses plus familliers, ceux en qui il avait mis sa confiance, ceux qui se nourrissaient de son pain, lui ont tendu des piéges, en lui rendant le mal pour le bien.

Ils ont dit dans leur cœur corrompu : Dieu l'abandonne, ou plutôt, il n'y a point de Dieu, et nous pouvons l'outrager, le saisir, car il n'y a personne pour le délivrer ; et ils ont répété : quand mourra-t-il ? quand périra son nom ? que la sentence due à ses crimes soit au plus tôt dirigée contre lui, afin que, maintenant qu'il est abattu, il ne puisse se relever.

Des faux témoins se sont présentés en l'accusant de choses dont il ne connaissait rien ; dans leur fureur, ils l'ont tué, ô grand Dieu ! l'homme que tu avais rempli de l'amour de toi-même et de la sainte loi ; l'homme qui se reposait sur ton éternité ! Tu sauras punir, ô Dieu, ces pervers qui protégent le mensonge : l'Eternel a en abomination le sanguinaire et le trompeur.

O Dieu tout puissant, Dieu terrible dans tes jugements, merveilleux dans tes œuvres, qui as permis dans ta colère qu'en ce jour fatal la vie de notre souverain lui fut ravie par la main des scélérats ; nous, tes indignes serviteurs, la face contre terre, nous reconnaissons en toute humilité que les péchés de notre nation ont été cause de l'épouvantable jugement prononcé contre ton image, dans celui qui te représentait à nos yeux !

Dieu tout puissant, reçois-nous, et daigne nous consoler, nous qui sommes consternés, abattus, au souvenir du crime énorme qui s'est commis dans ce royaume.

Mais, ô Dieu de miséricorde, ne nous impute point le sang qui a été injustement répandu : Fais que celui de ton fils efface une telle abomination, et qu'au nom de Jésus-Christ un si grand forfait soit pardonné.

O Seigneur ! aux yeux de qui la mort des saints est précieuse, nous glorifions ton nom pour l'abondance de tes grâces sur la personne de Charles Ier, notre souverain, dont le martyre a fait éclater la patience la plus héroïque et la plus grande résignation, en souffrant tons les outrages et la mort même, sans cesser d'implorer le Ciel en faveur des ennemis et des bourreaux.

Seigneur ! Seigneur ! que sa mémoire soit bénie à jamais parmi nous ! Que son courage, sa constance, sa bonté nous servent d'exemple ! Détourne de dessus nos têtes, ô grand Dieu ! la vengeance de ce sang juste et innocent, et que son nom soit partout glorifié par l'amour de Notre-Seigneur Jésus-Christ, notre unique médiateur !

La propagande sera faite de deux façons : par la presse et par le discours. Elle doit se généraliser à toutes les classes. Les préfets sont les mieux placés pour agir dans ce sens. Ils seront choisis surtout parmi des hommes d'honneur, de caractère et d'expérience réprouvant tout alliage entre l'ordre et le désordre, la vérité et l'erreur, la liberté et le libéralisme, le droit chrétien et le droit révolutionnaire. Dans les cas graves, où, par suite de minorités royalistes, le candidat ne serait pas choisi par l'élément royaliste, dans ce cas seulement, le parti royaliste pourra lui donner sa

voix, s'il signe un mandat impératif s'engageaht à
telle ou telle chose, quoique ne comptant pas
représenter le parti. Le mandat impératif! Mais
on va se récrier !

Que ce mot de mandat impératif ne vous effraie
pas. Le mandat impératif n'est pas une chose nouvelle. Les cahiers des baillages présentés par les députés aux Etats-Généraux de 1789, n'étaient pas
autre chose qu'une sorte de mandat impératif, ce
mandat fut violé ; s'il ne l'avait pas été, la révolution eût été évitée. Au lieu de présenter aux Etats
les vœux des populations, nos députés se laissèrent
séduire par les doctrines et les élucubrations de
quelques cerveaux malades de philosophie anti-
chrétienne ; ces mandataires infidèles firent une
révolution dont le peuple ne voulait pas.

Le respect du mandat impératif aurait épargné
bien des folies faites depuis cette époque. Le mandat impératif, mais qu'y a-t-il donc ? N'a-t-on
pas le droit de signer un mandat vous engageant à
faire le bien. Cela n'a rien qui blesse la conscience.
Le mandat de faire le mal, c'est différend, coupable qui le donne et qui l'accepte, plus coupable
encore qui l'observe. Ce mandat là est un ordre
que la révolution impose à ses séïdes pour détruire
la religion, la famille, la propriété, une déclaration
de guerre à Dieu et au prochain, à la vérité, à la jus-

tice et à la morale ; une oppression des consciences ;
la perversion du peuple par la presse, par la
parole et par l'exemple, le soldat par l'indiscipline,
l'enfance par les écoles impies, en un mot, une
façon de transporter sur la terre la domination de
l'esprit pervers, le règne de l'enfer. Au contraire,
le mandat de ne point faire d'alliance avec l'ini-
quité, n'est-il pas ce qui peut se voir de plus sain
et qui commande mieux le respect avec l'obéissance?
Par conséquent, le mandat impératif que les
royalistes peuvent recevoir et accepter, loin d'être
semblable à celui des radicaux, en est le contraire.
Il peut être accepté, il est même une garantie.

Le gouvernement aura ses candidats privilégiés,
qui seront soutenus énergiquement et élus par le
suffrage universel honnêtement pratiqué, c'est-à-
dire par un mode de vote, qui éloignera du scru-
tin, tout élément nomade ou étranger, et où les
intérêts de chacun seront représentés aussi bien
que le nombre.

Le nombre, tel est la grande rengaîne démocratique. Peu importe si le nombre est bête, ridicule,
égaré, pourvu que ce soit le nombre ; la démocra-
tie aime être l'esclave du nombre. Et cependant,
dit l'Evangile, on ne peut servir deux maîtres à la
fois ; comment donc alors s'incliner devant la ridicule toute puissance de dix millions d'électeurs.

A qui fera-t-on croire qu'en temps d'anarchie, l'être dépourvu d'instruction, le misérable détenu dans les cachots, l'homme de mauvaises mœurs, jouisse, en vertu de l'égalité démocratique des mêmes droits que le citoyen vertueux.

L'armée sera confiée à des généraux fermes et habiles, la garde des places fortes à des hommes de fer et entêtés, l'élément civil ne devra être représenté dans les commissions militaires que par un cinquième. Les régiments auront les noms glorieux de grands capitaines ou de batailles. Ceux de l'armée territoriale seront désignés par leurs numéros. L'armée ne sera pas une garde prétorienne, mais une puissance nationale, une vaste école du devoir, où le jeune citoyen viendra compléter son éducation ; l'instruction du soldat n'est rien s'il n'y a pas aussi l'éducation morale. Il n'est pas difficile, en effet, de faire un soldat mécanique ; il est plus difficile de faire un soldat moral. Il devra avoir le sentiment de son devoir et connaître sa mission ; l'Empire a cru qu'en s'appuyant seulement sur l'armée, c'est-à-dire sur la force brutale, il pouvait se tirer d'affaires. Eh bien ! les événements ont prouvé le contraire, et ce régime abhoré a péri justement par l'armée, qui s'était ressenti comme toutes les classes du mauvais esprit du siècle. Un gouvernement doit s'appuyer sur la force du droit et non sur le droit de la force. Sa base principale est dans la force populaire et la religion ; il doit avoir non seulement dans l'armée une garde contre l'émeute, mais aussi une bonne garantie dans la foi des provinces. La royauté a bien compris ce principe, et voilà pourquoi après toutes nos révolutions, nous avons vu encore des provinces royalistes, qui ont contribué, en 1814 et en 1815, à nous ramener le roi. En Espagne, il en est même, c'est en s'appuyant sur cette force populaire des provinces, en confiant le feu sacré du catholicisme et du royalisme à quelques vaillants montagnards que Don Carlos reconquiert brillamment son royaume. L'axiome césarien est donc plein d'arrogance : *Sic volo, sic jubeo, stat pro ratione voluntas.*

Ce qui vaut mieux, c'est la décentralisation et les libertés locales, accordées aux provinces suivant leur tempéramment, leur histoire, leur tradition. Et tout cela ne peut détruire l'unité française faite par la monarchie. En cas de révolution, le gouvernement pourrait trouver là des centres puissants de résistance qui lui permettraient avec avec son armée unie au peuple de triompher de la révolution.

Les Bourbons étaient passés maîtres dans l'art

de gouverner ; ils connaissaient parfaitement leurs devoirs de roi ; ils savaient punir ; ils savaient pardonner. « C'est un de mes sujets, disait Louis XII, en parlant d'un homme qui avait lancé l'insulte contre lui , donc je lui pardonne ». Nul mieux qu'eux ne connaissait quel est le génie propre de notre race, et ce qu'il faut à la France. Le principe de légitimité doit transformer la patrie ; le roi ne sera pas un César, mais un père. L'œuvre peut être longue, mais elle doit se faire jusqu'au bout, afin qu'on puisse dire un jour d'un roi légitime, successeur de Henri V, comme le prophète disait de Dieu : *Fulgura in pluviam fecit.*

LA POLITIQUE DE L'EXTÉRIEUR

Aux sons mélodieux de la lyre d'Amphyon, les murs de Thèbes, s'élevèrent dit-on, en cadence; il semble aussi qu'à la voix et aux gestes de ses rois, la France se soit formée et constituée, telle qu'elle était avant nos épreuves. Tandis que, nos souverains légitimes, par une politique habile, faisaient l'unité française et créaient comme résultat d'un travail douze fois séculaire, des institutions solides et inamovibles, ils rattachaient à la couronne de France, par leur politique extérieure, toutes sortes de tribus confédérées, des peuplades et des Etats indépendants, des fiefs, vassaux, apanages princiers : chaque règne rattachait quelque provinces, soit par conquête, soit par des mariages, ou encore par des achats, des échanges, des donations, des confiscations. Violence ou habileté, diplomatie ou guerre tout était bon pour eux quand il s'agissait du bonheur de la France.

Ce n'était pas en suivant une politique de hasard et d'aventure que les rois de France en étaient arrivés à nous donner tant de grandeurs ; c'était en suivant une politique traditionnelle et nationale s'appuyant sur la force de l'Eglise et du Saint-Siége. La politique traditionnelle de la France a toujours eu pour but de fortifier l'unité à l'intérieur et de favoriser la division de nos voisins à l'extérieur ; la politique révolutionnaire de la France, au contraire, a été de diviser le pays et d'unir nos voisins à l'extérieur. Le propre de la politique traditionnelle a été l'affermissement du Saint-Siége, le but de la politique révolutionnaire a été les attaques contre le Saint-Siége.

Dans les circonstances présentes, la politique extérieure est des plus intéressantes à étudier, soit au point de vue des intérêts de la France, soit au point de vue de ceux de la chrétienté. De tous côtés ce ne sont que luttes religieuses, qui, envenimées, tourneront un jour à de violentes luttes politiques. Si la France ne se trouve pas prête, à un moment donné, pour élever la voix ou entrer en lice, l'Eglise pourra se considérer non comme perdue, — car ce qui vient de Dieu ne peut périr, — mais terriblement atteinte par les événements.

Sans doute, une réaction se produira tôt ou tard, mais d'ici là que de désastres et de ruines ! Il est certain aujourd'hui que la question religieuse, sera l'allumette destinée à mettre le feu aux quatre coins de l'Europe. Les pays qui ont encore conservé dans leurs mœurs nationales, quelque esprit religieux, quelques sentiments de générosité et de patriotisme, ces pays-là sortiront sans contredit plus forts qu'auparavant de la mêlée. La France, fille aînée de l'Eglise, sera assurément la convoitise de ses éternels ennemis ; tous les prétextes seront bons à la Prusse, qui dirigera ses principaux coups sur nos frontières de l'Est. Elle n'attendra pas pour cela que nous choisissions notre heure, parce qu'elle sait qu'elle a pour cela tout avantage à faire vite et à ne pas nous laisser le temps de nous organiser. Pour cette lutte terrible la France, doit être prête, surtout moralement ; si elle n'a pas son roi légitime sur le trône, elle n'aura aucune alliance, parce que les puissances étrangères n'ont pas intérêt à affermir un gouvernement républicain ou une nouvelle dynastie napoléonienne en Europe ; la lutte sera difficile et le besoin du roi se fera alors évidemment sentir ; si le pays est en possession de son roi, c'est différent, et la France a de grandes chances pour battre la Prusse sur tous les terrains, diplomatiques ou militaires, et reconquérir ses provinces perdues, peut-être sans coup férir, et par le fait même d'un congrès. Puisse Dieu nous accorder bientôt pareille régénération !

Dans le cadre que j'ai réservé à la politique extérieure, nous étudierons successivement chacune des questions principales pendantes en Europe; je les envisagerai toutes au double point de vue français et catholique, et en cela je suivrai encore les principes forts et naturels de la politique traditionnelle. Chaque question sera l'objet d'un chapitre, que je détaillerai suffisamment pour en rendre la lecture facile et intéressante au lecteur.

LA QUESTION ROMAINE

De toutes les questions pendantes à l'horizon, la question romaine est assurément la plus intéressante, celle qui regarde de la façon la plus sérieuse la France. La question romaine est par rapport à la France ce que les racines sont aux arbres. Lorsque la plante souffre, c'est que ses racines sont atteintes ; lorsque Rome est malade, c'est que la France ne va pas bien. Les destinées de la fille sont intimement liées à celles de la mère. Les faits sont là pour le prouver, et l'histoire en a dit déjà plus que tous les philosophes pourront en dire. Rome libre, c'est le catholicisme libre et puissant dans le monde. Rome enchaînée, c'est la religion du Christ persécutée, c'est l'équilibre religieux et politique complétement détruits, c'est la grande patrie allemande, applaudissant à la grande patrie italienne, c'est la puissance de nos voisins, devenue intolérable pour nous et même pour les autres peuples catholiques. Il y a donc solidarité entre l'unité italienne et l'unité allemande, et c'est à Rome qu'est le nœud de la question.

Nos rois de France l'avaient bien compris; ils savaient qu'en défendant le représentant de Dieu sur la terre, Dieu les protégerait, et qu'ils auraient un pied sur un littoral, qu'on ne peut franchir autrement qu'en traversant les horribles défilés des Alpes, ou la vaste étendue des mers. Le pape Grégoire IX s'adressant à S. Louis lui exposait ainsi la mission providentielle de la France dans le passé, le présent et l'avenir :

« Le fils de Dieu, souverain maître du monde,
» a établi sur la terre tous les royaumes! Mais,
» comme autrefois entre les tribus d'Israël, la tribu
» de Juda reçut des priviléges tout particuliers,
» ainsi le royaume de France a été distingué en-
» tre tous les peuples de la terre par un privilége
» d'honneur et de grâce.

» De même que cette tribu qui figurait ledit
» royaume de France, quand elle combattait pour
» le Seigneur, terrifiait toujours les bataillons en-
» nemis et les foulait aux pieds, de même le
» royaume de France a toujours combattu les
» combats du Seigneur pour accroître la foi catho-
» lique, défendre la cause de Dieu en Orient et en
» Occident, et dompter les ennemis de l'Eglise.

» De même que la tribu de Juda n'imita jamais
» les autres dans leur apostasie, de même le
» royaume de France ne put jamais être ébranlé
» dans son dévouement à Dieu et à l'Eglise; bien
» plus, rois et peuple n'ont pas hésité à verser leur
» sang pour la conservation de la foi.

» Il est donc manifeste que ce royaume béni de
» Dieu a été choisi par notre Rédempteur pour
» être l'exécuteur spécial de ses divines volontés.
» Jésus-Christ l'a pris en sa possession *comme un*
» *carquois d'où il tire fréquemment des flè-*
» *ches choisies* qu'il lance avec la force irrésisti-
» ble de son bras pour la protection de la liberté
» et de la foi de l'Eglise ; le châtiment des impies et
» la défense de la justice; aussi tous nos saints prédé-
» cesseurs, dans leur détresse, n'ont pas manqué
» de réclamer le secours que les rois de France ne
» leur ont jamais refusé. »

Voici ce que disait Charlemagne à ses enfants
avant de mourir :

« Je vous recommande surtout de prendre le
soin et la défense du Pape, ainsi que l'ont prise
notre aïeul Charles surnommé Martel, le roi Pépin
notre père, d'heureuse mémoire, et nous par
après, et de vous efforcer de le défendre de ses
ennemis et de lui faire avoir justice autant que
vous pourrez et que la raison le requiert. »

Henri IV, ce grand politique, avait la même opinion :

« Mon royaume, disait-il, est incontestablement le royaume de Dieu. Il lui appartient en propre, il n'a fait que me le confier. Je dois donc faire tous mes efforts pour que Dieu y règne, pour que mes commandements soient subordonnés aux siens, pour que mes lois fassent respecter ses lois. »

Le descendant de Henri IV, notre vaillant roi Henri V a dit : « C'est Dieu qui a institué la société et c'est de cette institution que dérivent les lois. L'oubli d'une politique chrétienne est la source de tous nos malheurs ; la séparation de l'Eglise et de l'Etat est la plus funeste des doctrines. Faisons des peuples chrétiens pour qu'ils deviennent des peuples tranquilles et heureux. »

Il s'écriait naguère :

« On dit que l'indépendance de la papauté m'est chére, et que je suis résolu à lui obtenir d'efficaces garanties.

» On dit vrai.

» La liberté de l'Eglise est la première condition de la paix des esprits et de l'ordre dans le monde. Protéger le Saint-Siége fut toujours l'honneur de notre patrie et la cause la plus incontestable de sa grandeur parmi les nations, ce n'est

qu'aux époques de ses plus grands malheurs que la
France a abandonné ce glorieux patronage. »

Il est donc incontestable que la politique traditionnelle de la France vis-à-vis de l'Italie est la
sauvegarde des intérêts du Saint-Siége. Ainsi le
veut le droit chrétien, et d'après son passé, la
France est chargée de faire respecter ce droit immuable. Lors du septième concile général de Nicée,
en 787, il fut déjà question de ce droit, lorsqu'on
fit la déclaration suivante, base fondamentale du
pouvoir temporel des papes :

« La chrétienté se compose de deux pouvoirs : le
sacerdoce et l'empire ; l'un s'occupant des choses
célestes et l'autre des choses terrestres ; l'empire
possède la seconde place et le sacerdoce la première,
d'autant que le sacerdoce est la sûreté et la sanc-
tification de l'empire, et l'empire la force et l'appui du sacerdoce ; d'où il suit qu'un grand pape et
un grand monarque unis ensemble, c'est le plus
beau présent que le ciel puisse faire à la terre. »

Ainsi, il est bien certain que Rome doit être
libre, si l'on veut que l'Eglise soit libre. Nous
savons mieux que tout autre de quelle façon
sont aujourd'hui traités les catholiques en Europe,
comment on les persécute en Pologne, en Allemagne et en Suisse. Le cœur saigne au récit de ces
abominations ; les larmes viennent aux yeux, la

plume tombe des mains, une rage intérieure monte au cœur, et l'on pousse malgré soi ce cri : « Pauvre France ! qu'as-tu fait de l'épée de Charlemagne ! » Hélas ! la France pourrait beaucoup avec Henri V, mais que peut-elle sans ses rois légitimes, sans celui qui a cette épée en dépôt ?

Un jour viendra sans doute où l'émancipation politique et religieuse de Rome se fera par la force même des choses. La Révolution croit beaucoup trop *que l'homme malade* de l'Occident est le pouvoir souverain temporel du Pape ; elle ne voit pas que ce sont les nations qui sont malades, et que pour se guérir, il faut commencer à guérir le médecin qui nous soigne. Si Dieu a envoyé de nouvelles épreuves à l'Eglise, c'est tout simplement pour que l'Eglise sorte plus grande de la lutte. Il ne manquait plus à l'Eglise qu'une gloire, celle d'être persécutée pour être vengée de toutes les attaques de ses contempteurs. Voyez quelle belle page pour Rome ! Les évêques sont maltraités et jetés en prison pour les mêmes motifs qui firent condamner le Rédempteur des hommes dans le prétoire de Jérusalem. Leur crime, c'est d'avoir dit la vérité avec cette franchise qui est le devoir d'un évêque et d'un pasteur des âmes.

Les Hébreux accusèrent le Christ d'avoir excité le peuple à la révolte contre César ; les modernes persécuteurs de l'Eglise ont accusé nos évêques d'un délit semblable. Jetés dans des cachots infects, dans de sombres prisons, ils grandissent aux yeux du monde entier, et ce qui est pour eux, un sujet de splendeur et de mérites, devient une terrible menace pour les pays qui se sont rendus coupables de pareils attentats. C'est un spectacle navrant de voir se renouveler par delà les Apennins, le Rhin et les Alpes, cette guerre insensée contre le clergé, que l'Italie unifiée devait faire cesser. Mais pourquoi s'en étonner du reste? Est-ce que tout cela n'est pas un fruit de l'assujettissement de l'Eglise à l'Etat? Rome n'est, comme l'a dit un publiciste, le Golgotha dont les Romains et les Papes sont les suppliciés.

L'unité de l'Italie n'a été qu'un prétexte dont se sont servis les sociétés secrètes. Cette unité n'a-t-elle pas existé sous Alexandre III avec la ligue lombarde, lorsque les Italiens serrant les rangs autour de ce grand Pape, luttaient contre l'Allemagne. Qui a défait cette unité? si ce n'est les révolutionnaires eux-mêmes transformant l'Italie en petits Etats aussi ambitieux les uns que les autres.

Le parti Guelfe, qui était celui des Papes, voulait l'indépendance de l'Italie, le parti Gibelin qui était le parti révolutionnaire, était celui des empe-

reurs et de la domination étrangère. Cela n'a pas
changé aujourd'hui, et nous voyons le parti de la
soi-disant unité italienne, le parti de la Révolution
rechercher l'alliance allemande.

N'est-ce pas Clément VII qui forma contre
Charles-Quint la *Ligue sainte* où entrèrent tous
les Etats de l'Italie alliés à la France et à l'Angleterre ? N'est-ce pas lui qui commanda la résistance
contre les hordes du connétable de Bourbon ? Et
Paul IV qui n'ouvrait les portes de Rome au
duc d'Albe, que contraint par la révolte de la
population romaine. Peut-on, dès lors, après ces
faits historiques, dire que les papes redoutaient
l'unité italienne ?

L'unité de l'Italie ne pourra exister que par le
Pape et Rome libre, et en laissant le Pape arbitre
des souverains légitimes du Piémont, de Naples,
de Modène et de Toscane, afin d'en arriver à une
sorte de confédération dont Rome serait la capitale
et où se rassembleraient tous les députés des différents Etats, ne traitant que les questions politiques,
d'usage dans une assemblée. Outre la dotation dont
chaque Etat donnerait une part proportionnée, le
Pape aurait son armée propre à Rome, ses fonctionnaires propres, et en cas d'attaque contre la patrie
commune, son armée se réunirait à celles des autres
souverains pour former l'armée nationale et catho-

lique d'Italie. Donc, comme on le voit, Rome peut être libre, et l'Italie une, sous l'hégémonie pontificale. Les objections des ennemis de la papauté ne sont pas serieuses. Les deux amours de la patrie et de la religion ne sont pas incompatibles. L'unité de l'Italie n'a donc été qu'une machine de guerre, car voilà maintenant qu'on veut enlever au Pape son pouvoir spirituel.

On dit aussi, mais pourquoi le Pape n'est-il pas libéral? Hélas! n'a-t-on pas vu Rossi, le libéral, périr sous le poignard des conjurés. Le libéralisme n'est aussi qu'un prétexte. Après ce court raisonnement, il est facile de voir que l'unité de l'Italie hors de l'hégémonie des Papes n'a été qu'un mensonge et un instrument dirigé contre l'unité et la puissance française. C'est ce que les esprits sérieux et clairvoyants savaient depuis longtemps en France.

Mais l'Eglise doit toujours sortir victorieuse de la lutte que la Révolution lui livre; plus l'Eglise est persécutée, plus elle est près du triomphe.

Persécutée dans les siècles, elle est sauvée par la France, sa fille aînée, en 1849, elle sort victorieuse des mains de la Révolution, malgré les attaques de la gauche soutenant les insurgés italiens. Oudinot s'empare de Rome et la population de Rome acclame ses libérateurs. Ce succès de la France ne

fait pas plaisir aux révolutionnaires français, et
Victor Hugo montant à la tribune, se couvre de
honte par ses attaques contre l'Eglise et le Souverain-Pontife. M. de Montalembert lui répondit par
un discours remarquable dont nous donnons ici la
fin :

« Personne ici, sans doute, ni d'un côté ni de
l'autre, ne veut, de propos délibéré, employer
contre le Saint-Père une violence quelconque. Et
puis, ce n'est pas seulement le discrédit où la
déconsidération qui tôt ou tard s'attachent à ceux
qui luttent contre le Saint-Siége, mais c'est encore
la défaite ! Oui, c'est l'insuccès qui est certain ;
certain, notez-le bien ! Et pourquoi l'insuccès est-il
certain ? Ah ! notez bien ceci : parce qu'il y a entre
le Saint-Siége et vous, ou tout autre qui voudrait
combattre contre lui, il y a inégalité de forces. Et
sachez bien que cette inégalité n'est pas pour vous,
mais contre vous. Vous avez 500,000 hommes, des
flottes, des canons, toutes les ressources que peut
fournir la force matérielle. C'est vrai. Et le Pape
n'a rien de tout cela ; mais il a ce que vous n'avez
pas, il a une force morale, un empire sur les
consciences et sur les âmes auquel vous ne pouvez
avoir aucune prétention, et cet empire est immor-
tel. (Dénégations à gauche. — Vive approbation à
droite.)

» Vous le niez ; vous niez la force morale, vous niez la foi, vous niez l'empire de l'autorité ponti-ficale sur les âmes, cet empire qui a eu raison des plus fiers empereurs ! Eh bien, soit ; mais il y a une chose que vous ne pouvez pas nier. Or c'est la faiblesse du Saint-Siége, sachez-le, c'est cette fai-blesse même qui fait sa force insurmontable contre vous. Ah ! oui, il n'y a pas dans l'histoire du monde un plus grand et plus consolant spectacle que les embarras de la force aux prises avec la faiblesse. (Nouvelles et nombreuses marques d'adhésion à droite.)

» Permettez-moi une comparaison familière : Quand un homme est condamné à combattre une femme, si cette femme n'est pas la dernière des créatures, elle peut le braver impunément, elle lui dit : Frappez, mais vous vous déshonorerez et vous ne me vaincrez pas. (Très bien ! très bien !) Eh bien ! l'Eglise n'est pas une femme, elle est bien plus qu'une femme ; c'est une mère ! (Très bien ! très bien ! — une triple salve d'applaudis-sements accueille cette phrase de l'orateur.)

» C'est une mère, c'est la mère de l'Europe, c'est la mère de la société moderne ; c'est la mère de l'humanité moderne ! On a beau être un fils dénaturé, un fils révolté, un fils ingrat, on reste toujours fils, et il vient un moment, dans cette

lutte parricide contre l'Eglise, où cette lutte devient insupportable au genre humain, et où celui
qui l'a engagée tombe accablé, anéanti, soit par la
défaite, soit par la réprobation unanime de l'humanité. (Nouveaux applaudissements.)

» Figurez-vous, Messieurs, Pie IX en appelant
à l'Europe, en appelant à la postérité, en appelant
à Dieu contre les violences et contre la contrainte
de la France, de la France qui l'a sauvé, et qui
viendrait ainsi ajouter la plus ridicule des inconsé-
quences à un crime qui n'a jamais porté bonheur
à personne depuis que l'histoire existe. (Très bien !
très bien ! — Longue approbation.)

» En outre, Messieurs, sachez bien que vous
n'en viendrez pas à bout, parce que l'Eglise a des
ressources infinies pour la résistance. » (Hilarité et
violente interruption à gauche.)

Depuis 1849, par des raisons de haute politique
qui devaient lui rattacher le parti des naïfs de la
France et du haut clergé, Napoléon III a laissé
garnison française à Rome et fait avec Victor-
Emmanuel cette convention du 15 septembre qui
a été si souvent violée ; mais Napoléon, en soutenant le Saint-Siége n'obéissait qu'à des raisons
machiavéliques ; il n'obéissait pas à un sentiment
chrétien et généreux. On sait qu'en 1860, il n'était
pas fâché que le Pape perdit les Romagnes, que les

légitimistes français fussent massacrés à Castelfi-
dardo, et que les autres souverains de l'Italie
fussent dépossédés. Il avait obéi à un mot d'ordre
venu des sociétés secrètes qui le menaçaient du
poignard ou de la bombe, s'il ne faisait pas la guerre
à l'Autriche et s'il ne faisait pas l'unité italienne,
quitte plus tard de faire l'unité de l'Allemagne,
pour payer à la Révolution le mal qu'il lui avait
fait le jour de Mentana. Du reste, la révolution
militante n'était pas populaire, et dans toute l'Europe révolutionnaire la politique violente des
intransigeants italiens ne convenait pas aux habiles
de la Révolution ; il fallait à tout prix châtier ces
trop pressés, ces compromettants, quitte plus tard
d'atteindre le but désiré, d'une façon plus sûre et
plus hypocrite.

C'est ainsi que, le 19 novembre, la reine d'Angleterre prononce un discours qui laisse voir toute
la pensée des ennemis de l'Eglise :

« Une bande de volontaires italiens, sans autori-
sation de leur propre souverain, ayant envahi le
territoire pontifical et menacé Rome elle-même,
l'empereur des Français a cru devoir envoyer une
expédition pour la protection du Souverain-Pontife et de ses domaines. Ce but ayant été atteint,
la défaite et la dispersion des volontaires ayant
débarrassé le territoire pontifical du danger d'une

invasion extérieure, j'ai la confiance que Sa Majesté Impériale pourra, par un prompt retrait de ses troupes, éloigner tout sujet possible de mésintelligence entre son gouvernement et celui du roi d'Italie. »

Dans l'assemblée française au Corps législatif, la Révolution faisait aussi entendre sa voix, et les Jules Favre, les Jules Simon, les Guéroult défendaient les bandes révolutionnaires ; tandis que MM. Chesnelong, de la Tour, Rouher et Thiers prenaient en main les intérêts catholiques. Le parti catholique et conservateur du Corps législatif ratifia par 238 voix contre 17, la politique d'intervention à Rome.

Au Sénat, MM. Dupin et Rouland, LL. EEmm. les cardinaux de Bonnechose et Donnet, Mgr Darboy.

Reste à savoir de quelle façon la politique révolutionnaire de Napoléon III devait se tirer de ce mauvais pas et donner le branle-bas à l'Europe entière. Pour avoir voulu frapper les bandes révolutionnaires à Mentana, la révolution italienne exigeait comme après la délivrance de Rome en 1849 une compensation ; cette compensation fut accordée, humiliante pour la France, ruineuse pour le Midi et Marseille en particulier, et enfin devant préparer une route aux Teutons du côté de la Provence. Cette compensation est la triste affaire du percement du Mont-Cenis qui a donné naissance à la récente affaire du Saint-Gothard.

Le percement du Mont-Cenis constitue, chez nous un immense péril pour notre grandeur commerciale. En effet, cette opération, dans un temps plus ou moins long, finira par nous enlever tout le transit de l'Orient. Marseille n'est déjà plus l'intermédiaire obligé des relations de l'Europe avec les Indes, l'Asie et l'Egypte. Brindisi a supplanté la seconde ville de France par la malle des Indes, en attendant que Gênes et Livourne se réveillent et lui enlèvent les principaux éléments de sa prospérité.

Voici comment cette brillante affaire s'est conclue entre Napoléon III et M. de Cavour :

Une loi du 15 août 1857 autorise le gouvernement du roi de Sardaigne à opérer la percée du Mont-Cenis. Les travaux entre Bardonnèche et Modane étaient estimés à 41,400,000 francs. Le Victor-Emmanuel (compagnie et capitaux français) devait y contribuer pour presque moitié (20 millions). — L'Italie se mit aussitôt à l'œuvre et employa cinq ans à étudier à fond tous les éléments du projet et, surtout, à expérimenter la perforation sur une grande échelle ; à Bardonnèche on avait percé 1,200 mètres. Le travail en galerie s'accélérait de jour en jour. Les prévisions des géologues étaient vérifiées à chaque pas. Au bout de ces cinq années de travail, il ne restait plus de doute possible sur les conditions et la réussite de l'entreprise. Plusieurs rapports de savants et d'ingénieurs des différents pays établirent dès lors mathématiquement, dans des travaux publiés partout, le bilan du tunnel et son *achèvement en dix ans au plus*.

C'est alors qu'intervint le régime financier du gouvernement impérial. Napoléon III s'empresse de signer au comte de Cavour, le 18 juin 1862, une convention par laquelle l'entreprise était abandonnée exclusivement au gouvernement italien... En outre des *vingt millions* déjà prélevés sur les actionnaires français du Victor-Emmannel, le trésor français verserait encore *dix-neuf millions*. Vous savez que le total de l'entreprise est évalué à quarante-et-un millions. C'est donc la France qui paie seule. Mais attendez : jusqu'ici la chose n'est qu'*inepte* du côté de la France, et *machiavélique* du côté de Cavour. Maintenant elle va devenir MONSTRUEUSE.

La convention ajoute : qu'il sera accordé au gouvernement italien une prime de cinq cent mille francs *pour chaque année* gagnée sur un délai de *vingt-cinq* ans. Or, le gouvernement impérial savait très bien que ce délai n'excèderait pas dix ans ! — Cela ne suffit pas encore à M. de Cavour. Il se fait ajouter : — Si on achève le percement en moins de quinze années, l'indemnité sera portée à six cent mille francs.

Ce serait vraiment plaisant, s'il ne s'agissait de pareils chiffres et de la ruine de la France.

Naturellement, l'Italie opéra le percement — comme il avait été établi par la science et l'expérience, — en moins de dix ans; en sorte que le résultat financier du tunnel du Mont-Cenis est celui-ci : L'Italie a perçu : 20 millions des actionnaires ; 19 millions du Trésor français, plus 9 millions d'indemnité du même Trésor pour avoir achevé en moins de vingt-cinq ans !.. Ce qui constitue, aux mains de l'Italie, une somme de 48 millions pour un travail estimé à 41 millions 400,000 francs.

Voilà le soin que prenait l'Empire des finances nationales. Nous le demandons à tous les hommes patriotes et sensés : n'aurait-il pas été préférable de consacrer ces sommes énormes à mettre en état de défense nos forteresses du Nord et de l'Est, qui ne l'étaient pas en 1862, et qui ne l'ont pas été davantage en 1870 ?

Si l'histoire a retenu avec horreur les noms des monstrueux forbans de 93 qui ont surpassé en

férocité les plus féroces cannibales, elle enregis-
trera avec une égale horreur, bien que d'une autre
nature, le règne de Napoléon III. Ce règne montrera aux générations futures jusqu'à quelle pro-
fondeur de malheurs et de dégradation peuvent
descendre un grand peuple et une grande nation.

Que la France se souvienne que le règne des
Napoléon commence et ne dure que par le despo-
tisme à l'intérieur, et qu'il finit toujours par l'invasion, la ruine et le démembrement.

Que la France n'oublie jamais que Napoléon Ier
comme Napoléon III, Napoléon le Grand comme
Napoléon le Petit, se sont l'un et l'autre emparés
du trône par le crime, et que l'un et l'autre, également, en ont été chassés à la suite d'épouvantables
catastrophes.

Le génie de l'homme de Brumaire, et l'ineptie
de l'homme du 2 décembre ont eu un résultat
identique, c'est-à-dire la servitude et la ruine du
pays qui avait commis la coupable folie de remettre
ses destinées entre leurs mains.

Dieu veuille que la France n'en fasse pas une
troisième fois l'expérience!

Eh bien! croyez-vous que malgré tout cela, ces
avantages faits à la révolution italienne, il n'y ait
pas en Italie, des hommes patriotes qui veuillent,
comme nous, l'unité de l'Italie sous l'hégémonie du

Souverain-Pontife avec les Bourbons à Naples et dans les duchés, qui ne poussent à ces restaurations légitimes de France et d'Espagne, afin de constituer cette union des races latines qui, avec l'alliance de la Russie peut dominer le monde, et le diriger par sa civilisation, son génie et ses armes. En Europe, comme en Amérique, cette alliance est nécessaire. Il semble que dans le monde les deux grandes races latines et germaniques soient faites pour se disputer l'empire des terres et des mers. Ce n'est qu'en s'appuyant sur la Religion et sur le Pape que la cause latine pourra triompher ; mais pour cela que faut-il ?

Il faut commencer par l'Italie, par la délivrance de Rome.

Le moment viendra en son temps, car la situation de l'Italie n'est pas des plus brillantes. Les renseignements privés que j'ai reçus ne laissent plus aucun doute à cet égard. Dans une lettre politique de Palerme, je lisais ce passage :

« La situation de la Sicile est maintenant l'objet principal des préoccupations de la *Consorteria*. Les nouvelles qui arrivent de l'île sont telles, que tout remède paraît impossible. Il ne s'agit ni d'un fait, ni d'une conspiration ; il s'agit de tout un pays réduit au désespoir, qui ne veut ni ne peut souffrir davantage. Les unitaristes sont parfaitement disposés à bombarder et incendier encore une fois, s'il le faut, et c'est là précisément ce que recommandent les députés siciliens appartenant à la *Consorteria*.

« Mais il y a un moment où la conscience des honnêtes gens trompés ou illusionnés se révolte, et ce moment paraît s'approcher. On commence, en effet, à se demander à quel résultat pourront aboutir de nouvelles et plus sanglantes répressions dans l'Italie méridionale, sinon à tout perdre et à ruiner à jamais avec ces provinces celles aussi de l'Italie centrale et du nord de la Péninsule. D'autre part, les autorités siciliennes et napolitaines sont découragées, et, de même que les administrés, elles ne voient plus de salut possible par le régime actuel. C'est, en un mot, la dissolution, la décomposition la plus complète d'un système si contraire à la nature même des choses, dissolution que l'action des baïonnettes ne fera qu'accélérer, et que tout l'appui que l'Europe coalisée pourrait accorder au cabinet de Florence ne retarderait pas d'un seul instant. »

Et plus loin :

« Quel est le vice principal de l'actuel ordre de choses en Italie ? La division des partis et l'aspiration vers les anciennes autonomies. A quoi bon cacher la vérité ? A Turin, on veut le Piémont ;

A Milan, la Lombardie ; — à Florence, la Toscane ; — à Rome, la Romagne ; — à Naples,
les Deux-Siciles ; — et peut-être, à Palerme,
la Sicile ! »

Voici aussi ce que disait naguère un journal
libéral en s'adressant aux députés qui venaient de
voter cinquante mille francs d'économie sur le
budget des prisons :

« Vous cherchez à justifier une économie aussi
déplacée en disant que le Trésor public est vide ;
mais vous oubliez donc que vos prisons sont pleines
et qu'il y a un déficit plus honteux et plus à
redouter que le déficit financier, le déficit de la
morale publique ! »

La feuille romaine a raison.

D'ailleurs tous les hommes sincères, quelle que
soit leur opinion, tracent des provinces méridionales un tableau affligeant. En dépouillant la Papauté, Victor-Emmanuel n'a donc pas seulement fait
une mauvaise action, mais aussi une grande faute
politique. Il ne sera pas plus épargné que les autres dans la grande tourmente européenne qui va
surgir, et le branle-bas ne viendra pas du Nord,
mais des provinces méridionales, qui se soulèveront
un jour au cri de : « Vive le Pape ! Vive François de Naples et de Bourbon ! »

LA QUESTION D'ORIENT.

Comme la question romaine, la question d'Orient existe depuis le commencement de notre histoire, sans qu'encore elle ait reçu aucune solution. Depuis Charles-Martel et Charlemagne, refoulant les Sarrazins au-delà des Pyrénées, la question d'Orient ne semble pas avoir fait un pas rapide; malgré les croisades et les guerres de Grèce, malgré les croisades qui nous avaient donné certaine influence, l'islanisme est encore maître à Constantinople, et notre prestige en Orient s'amoindrit tous les jours. La question d'Orient s'est continuée par Lépante, par les divers bombardements d'Alger, sous Charles-Quint, Louis XIV, par les batailles du second empire, et par Navarin, mais de solution point. Charles X allait en donner une au monde lorsqu'il fut renversé par la Révolution, de connivence avec les ennemis de la France.

L'œuvre de Charles X allait être l'alliance russe qui devait nous donner les places fortes du Rhin, décréter Jérusalem ville libre , nous accorder le droit de passage au Bosphore en échange de Constantinople et de l'agrandissement de la Grèce.

L'œuvre de Charles X n'était autre que celle de Henri IV que la mort de ce roi n'a pas permis de mettre à exécution, même avec Richelieu, qui avait d'autres vues et qui pensait qu'il fallait commencer par un autre côté. Saint François-de-Sales écrivait, le 25 mai 1610, à Deshayes, sur cette question, après la mort du prince : « Ah ! Monsieur mon ami, l'Europe ne pouvait avoir aucune mort aussi lamentable que celle du grand Henri IV.... Non, certes, Monsieur, il semblait bien qu'une si grande vie ne devait finir que sur les dépouilles du Levant, après une ruine finale de l'hérésie et de l'empire turc. »

Le plan de restauration chrétienne , auquel Henri IV allait contribuer à tous ses efforts était dû à Paul V. Voici quel était son but : « Maintenir le catholicisme dans les nations où il n'y avait que des catholiques, comme en Italie, en Espagne, la tolérance où elle était déjà admise comme en France, et la liberté religieuse dans les pays non catholiques ; chasser les Turcs d'Europe, en s'entendant avec la Russie, chrétienne quoique schismatique, mais pouvant un jour revenir à la foi catholique, apostolique et romaine. Conquérir les côtes d'Afrique, pour y fonder des royaumes chrétiens qu'on réunirait à la République chrétienne. Cette République chrétienne était formée des six monarques héréditaires de l'Europe, de la confédération des républiques italiennes présidée par le Pape et des deux royaumes de Pologne et de Hongrie, formant des monarchies électives dont les rois auraient été à la nomination d'un collége composé du Pape, de l'Empereur romain, élu parmi tous les princes et premiers magistrats de la République chrétienne, et des six monarques héréditaires. On aurait augmenté et fortifié ces deux Etats, et nommé des princes guerriers pour les commander, afin qu'ils pussent servir de boulevard à la chrétienté contre les Turcs et les schismatiques. Les difficultés entre les divers Etats de la République chrétienne devaient être réglées par un congrès formé de ses représentants, et la liberté de commerce était garantie aux Etats confédérés. »

Voilà le magnifique projet à l'exécution duquel Henri IV avait attaché sa gloire; il avait accumulé pour son exécution, sous la sage administration de Sully, cent vingt millions, somme énorme pour le temps. D'habiles négociations avaient été suivies avec toute l'Europe dont Henri IV s'était assuré le concours. Le pape Paul V entra dans ses projets, ne stipulant pour condition que l'élection d'un empereur toujours catholique, et la garantie perpétuelle des droits et libertés de l'Eglise romaine.

Le poignard de Ravaillac frappa du même coup la France et l'Europe, et ajourna pour des siècles le repos du monde ; aussi le pape Paul V, en apprenant la mort de Henri IV, dit au cardinal d'Ossat, ambassadeur à Rome : « Vous avez perdu un bon maître, et moi mon bras droit. »

Henri V doit continuer l'œuvre commencée ; il semble que les Turcs le sachent, car Raoul Dicet rapporte que la Porte-d'Or de Constantinople portait cette inscription : « Quand viendra le blond roi d'Occident, je m'ouvrirai moi-même. »

L'œuvre des missions est appelée à produire dans la résolution de la question d'Orient les plus grands résultats sur tout le littoral méditerranéen, mais cette œuvre ne pourra prospérer sérieusement qu'autant que les gouvernements catholiques comprendront la nécessité d'affecter dans leurs budgets des cultes un crédit spécial pour la création d'établissements religieux dans ces parages. Il est impossible que la charité des particuliers parvienne à couvrir les dépenses qu'entraine une œuvre aussi considérable ; la propagande catholique a des jalons tout tracés en Orient dans la population maronite, qui avait jadis, au beau temps où la France savait se faire respecter en Orient, des priviléges accordés par nos rois, comme en font foi plusieurs pièces authentiques émanées de S. Louis, François Ier, Louis XIV et Louis XV. Si la France comprenait bien son rôle, elle instituerait à Beyrouth, ville choisie comme objectif de leurs proposants par les protestants et la Prusse, un grand collége catholique, un journal et une imprimerie. Beyrouth est la ville qui a le plus de relations avec le Liban ; sa situation est des plus propice pour cela. La France, en protégeant l'œuvre du patriarche maronite de Beyrouth, ne protégera pas seulement une population de 300,000 chrétiens d'Orient, mais encore les descendants de ceux qui vénèrent à côté de nos pères, le sang versé pour la chrétienté. Lorsque les croisés quittèrent la Syrie vers le milieu du XIVe siècle, ils y laissèrent plusieurs familles qui, se mêlant à la population maronite, finirent bientôt par ne plus former qu'une même nation avec elle. De nos jours encore, on trouve parmi les Maronites des familles et des individus qui, par leurs noms et les traits de leurs visages, rappellent l'antique race des Francs. Que ne devrait donc pas faire la France pour un peuple qui lui est si cher et si sympathique ?

La question d'Orient est donc toute là : Constantinople aux Russes, et comme compensation, en Occident, le Rhin aux Français, qui pour pouvoir continuer leur œuvre chrétienne , en Asie Mineure, ont besoin de leur ancien prestige, de ce prestige des Francs qui date non-seulement des croisades, mais surtout de François Ier. C'est sous ce dernier roi que furent conclues les capitulations dont il est indispensable ici de dire un mot, d'autant plus que cette question , complétement liée à la question d'Orient, est aujourd'hui pleine d'actualité.

Au temps où la France avait le bonheur de vivre sous le gouvernement à la fois ferme et débonnaire de ses rois légitimes , nos nationaux de l'Orient avaient certains priviléges qu'aujourd'hui la Prusse cherche à nous ravir. Ces priviléges étaient appelés traités ou capitulations. Les complices de notre terrible rivale ne sont pas seulement Nubar-Pacha le vice-roi d'Egypte, mais encore les révolutionnaires français avec le duc Decazes à leur tête. Le vice-roi, poussé par la Prusse, demande en Egypte une réforme judiciaire qui sera, à coup sûr , des plus préjudiciables pour le commerce français, à cause de l'esprit de partialité qui sera le propre des nouveaux tribunaux. Il faut le reconnaître, des abus ont eu lieu ; mais est-ce pour cela une raison de capituler lâchement, devant quelques observations d'un vice-roi, élevé en France et éduqué par la Prusse, qui a reçu son mot d'ordre de Berlin ? M. le duc Decazes refuse absolument de consulter nos nationaux, comme il vient de le déclarer au président de la commission chargée d'examiner la convention judiciaire en Egypte. C'est là une singulière façon de faire du libéralisme. Rien ne peut nous étonner de la part de ce duc tricolore , dont l'habileté consiste à céder sans cesse au plus faible comme au plus fort. La question viendra assurément bientôt à la tribune française, et les royalistes auront, il faut du moins l'espérer, le bon esprit de dévoiler les noirs projets de la Révolution , dans l'extrême Orient et en Egypte, où la politique de M. le duc Decazes n'est pas autre chose qu'une politique d'abaissement et de servitude.

Après ces courtes considérations, voici quelques aperçus historiques sur les capitulations. La première idée de ces traités remonte à l'année 1535, sous François Ier, qui en récompense de son alliance avec Soliman-le-Grand obtint pour nos nationaux les mêmes avantages que ceux dont jouissaient les sujets non musulmans du sultan,

soumis aux lois du vainqueur depuis la prise de
Constantinople. Le principal objet de toutes les
clauses de la capitulation était le droit pour les
étrangers (désignés indistinctement sous le nom
de *Francs*), d'avoir une justice à eux, *pour ré-
gler tous leurs différents entre eux*, *même
en matière criminelle.*

Les capitulations subirent de grandes modifica-
tions à différentes époques; à l'avénement de chaque nouveau sultan elles avaient été ratifiées de
nouveau. Ainsi eurent lieu celles de 1567, de
1581, de 1604 et de 1673, qui n'ont plus aujour-
d'hui force de loi, depuis le traité 1740 dont le
texte est le seul en vigueur. C'est ce traité de
1740, que l'on voudrait aujourd'hui faire disparaître, sous prétexte que les temps ont changé, et que le vice-roi n'est pas assez maître chez
lui, au milieu de l'affluence considérable des
étrangers, qu'entraîne l'ouverture du canal de
Suez et l'importance croissantes des villes, du
Caire, d'Alexandrie et de Port-Saïd. Le prétexte
est une mauvaise excuse, et pour leur compte les
gens clairvoyants, ne voient pas autre chose dans
la réforme judiciaire, que l'arbitraire, poussé jusqu'à la légalité, par la création des tribunaux
projetés à Alexandrie, au Caire et à Zagazig,
tribunaux composés de sept juges, quatre étran-

gers et trois indigènes. Ce serait alors à cause du nombre d'allemands qui tend à devenir plus considérable que le nombre des français en Egypte, une justice de fer pour nos nationaux. Voilà cependant où veut nous entraîner M. Decazes.

Eh bien ! si la Révolution n'est pas terrassée dans quelques mois, notre influence est destinée à disparaître en Egypte, par suite de la réforme judiciaire proposée ; partout l'influence allemande nous remplacera et de l'Egypte elle passera bientôt dans tout l'Orient, en Tunisie et rapidement en Algérie. Grave question que celle de notre colonie africaine, qui se résume comme pour toute la question d'Orient par le mot du général Cavaignac : « Je ne veux pas d'une Prusse au Midi. »

LA QUESTION ESPAGNOLE.

A la mort de Charles III, lorsque Louis XIV présenta son petit-fils, le duc d'Anjou, à l'ambassadeur d'Espagne, il adressa ces paroles à ce jeune prince, âgé alors de dix-sept ans : « Le roi d'Espagne vous fait roi, les Grands d'Espagne vous prient d'accepter, les peuples le désirent et moi j'y consens. Soyez bon espagnol , c'est là votre obligation principale, mais n'oubliez pas que vous êtes né en France ». En se séparant du jeune roi, son aïeul lui dit : « Mon fils, il n'y a plus de Pyrénées. »

Ces paroles mémorables dénotent chez le grand Roi , le plus pur patriotisme. Louis XIV voulait, devant la puissance de la maison d'Autriche, conserver au moins de l'autre côté des Pyrénées l'influence de la France. Ç'était un commencement de formation de cette alliance des races latines, qui

si elle avait été conclue à cette époque là, aurait
pu empêcher la guerre dite de succession , et
s'opposer à l'alliance de l'Autriche , de l'Angleterre, de la Hollande, de la Savoie, du Portugal
et même de la Prusse. Quoi qu'il en soit, au commencement du siècle dernier l'influence française
était grande en Espagne ; des généraux français,
des politiques français, étaient sans cesse consultés,
et leurs avis faisaient autorité ; en 1823, sous le
gouvernement légitime, cette influence commençait
à reprendre, aujourd'hui elle est nulle. D'où vient
cela ? De la révolution. De la révolution qui , ne
pouvant envahir le peuple et l'autel envahit le
trône et divisa la famille des Bourbons en se ser-
vant de mots et de documents faux et peu précis.

La politique traditionnelle de la France en
Espagne est donc de viser au rétablissement du
principe de légitimité représenté par le roi Charles VII, et de considérer simplement Christine,
Isabelle et Alphonse comme de simples princes.
Mais voyons de quelle façon Charles VII peut être
considéré comme souverain légitime. Toute la
question est là.

Mettant tout d'abord de côté la question de
droit, ce qui nous fortifierait encore dans notre
opinion sur la légitimité de Charles VII, c'est que
la révolution applaudit à la branche féminine,

qu'elle combat Charles VII , que le programme de
ce prince est fièrement catholique, qu'il a déclaré
qu'il ne serait roi que pour sauvegarder les intérêts du Saint-Siége, que cette branche féminine,
ne trouverait dans aucune province d'Espagne un
seul partisan capable de soutenir par les armes
ses prétentions au trône , qu'elle n'a vécu que de
pronunciamientos d'indiscipline et de corrruption,
et qu'enfin sous sa domination l'influence allemande
domine plutôt que l'influence française. Outre cela,
ajoutons encore que le droit des femmes au trône
semble bien être fait pour favoriser l'influence des
partis révolutionnaires. Si la femme est admirable,
comme mère ou comme épouse, Dieu ne lui a que
bien rarement donné les qualités nécessaires pour
être reine.

Rappelons-nous à ce propos les paroles d'Isabelle la Catholique à Ferdinand :

« Je serais bien insensée, si je ne vous esti-
mais pas plus vous seul que tous les royaumes. Où
je suis reine, vous serez roi, c'est-à-dire que vous
y régirez tout, sans limite, ni exception aucune. »

Au commencement des siècles, Dieu dit à Eve :
« *Sub viri potestate eris.* » S. Paul a écrit :
« Je veux que vous sachiez que le Christ est le
chef de tout homme et que l'homme est le chef
de toute femme. »

C'est là dessus que se sont basés les premiers promoteurs de la loi salique. Il n'y a, suivant moi, rien de plus dangereux pour une nation, sortant de race latine, que la femme-roi, comme de plus ridicule que la femme-auteur ou la femme-médecin.

Ces principes admis, voyons maintenant de quelle façon Charles VII est roi légitime d'Espagne. Jetons pour cela un regard sur le passé. Depuis Pélage, la succession au trône était cognatique ; dans cette période, il ne se trouve pas d'exemple, d'une femme ayant occupé le trône des royaumes de la Péninsule ; néanmoins la monarchie ne fut considérée comme héréditaire qu'à partir du milieu du IXe siècle. Et cela par le consentement du peuple.

Les femmes étaient seules, en Castille, considérées comme aptes à hériter à défaut des mâles, mais non à régner.

C'est donc suivant la loi des Partidas, d'Alphonse X dit le Sage, que le droit au trône fut rejeté. A la mort de Charles II et à l'avénement de Philippe V, la loi salique fut remise en vigueur, d'abord par le fait même de l'avénement d'un prince régnant, d'après cette loi, ensuite par les actes de Philippe V et ses déclarations officielles.

Voici quelques uns de ces documents :

« Conseil, Justice, Régidors, Chevaliers, Ecuyers, Officiers et Gentilshommes (*hombres buenos*), de la Noble ville de Madrid. Vous connaissez déjà les traités de paix pendants entre cette Couronne et celle de France, et l'Angleterre ; vous savez que, comme l'une des principales conditions pour rendre cette paix ferme et durable, et pour arriver à une paix générale (outre la considération d'assurer à perpétuité le bien universel et le repos de l'Europe, par l'équilibre des puissances qui la composent, de sorte que l'union de plusieurs en une seule ne fasse pas pencher la balance en rompant une égalité nécessaire, ce qui, en procurant l'avantage d'une puissance, mettrait en péril et en défiance toutes les autres), il a été proposé et agréé par l'Angleterre, et accordé de ma part et de celle du Roi, mon aïeul, que, pour éviter à l'avenir l'union de cette Monarchie avec celle de France, et la possibilité qu'elle s'opère jamais, je renoncerais pour moi et toute ma descendance à la succession éventuelle de la Monarchie française, et réciproquement les princes de cette nation et toutes leurs Branches actuelles et futures renonceraient à celle de la Monarchie espagnole ; desquelles renonciations les actes doivent être dressés de part et d'autre. Ces traits sont en bonne voie, et, comme pour les discuter et conclure il est besoin d'nn certain délai, on a signé une suspension d'armes de quatre mois, durant lesquels il sera possible d'arriver à une conclusion définitive. Et si, comme conséquence de la maxime fondamentale de l'équilibre entre les puissances de l'Europe, il a paru juste d'éviter dans tous les cas imaginables l'union de ma Monarchie d'Espagne avec celle de France, il fallait aussi se précautionner contre un semblable inconvénient, en cas que, ma descendance faisant défaut, cette Monarchie viendrait à échoir à la Maison d'Autriche, laquelle, en raison de ses domaines, même quand elle n'aurait pas l'Empire, deviendrait formidable. Il a donc été convenu et réglé par l'Angleterre et moi, d'accord avec le Roi mon aïeul, qu'à défaut de moi et de ma descendance, la succession de cette Monarchie serait dévolue à la maison du Duc de Savoie, lequel, en vertu de sa descendance de Dona Catherine, fille du Roi Philippe II, et de dispositions expresses, jouit d'un droit manifeste et reconnu (supposé l'amité et alliance perpétuelles qu'il importe de solliciter et d'obtenir entre le Duc de Savoie et sa descendance d'une part, et cette Couronne d'autre part). Parmi les conditions requises pour la plus grande autorité et validité de la renonciation à la couronne de France, et de ma renonciation de la France à cette Couronne, il a été jugé nécessaire que l'une et l'autre fussent présentées et confirmées dans l'Assemblée des Cortès, et devinssent une loi de l'Etat. Afin donc d'exécuter cette résolution avec la force requise et une satisfaction réciproque, j'ai décidé de tenir et assembler les Cortès de mes Royaumes de la Couronne de Castille, et de ceux qui leur sont unis. En conséquence, par cette mienne Lettre, je vous mande qu'aussitôt qu'elle vous sera notifiée dans l'Assemblée de votre Conseil et municipalité, ainsi qu'il est d'usage et coutume, avant de procéder à la nomination de Procureurs aux Cortès, ou de tirer au sort pour leur élection, vous preniez un arrêté qui leur donne un pouvoir suffisant, légitime et décisif, comme vous l'avez vous-même, sans restriction ni limitation aucune ; et cela fait, que vous procédiez à l'élection ou nomination desdits Procureurs aux Cortès, pourvus des qualités qu'ils doivent avoir conformément aux lois de mes Royaumes, et leur donniez et octroyiez votredit pouvoir décisif, légitime et suffisant, afin qu'ils se trouvent présents devant moi en la ville de Madrid, le 6 octobre prochain, pour traiter, entendre, pratiquer, conférer, octroyer et conclure en l'Assemblée des Cortès, tout ce qui sera nécessaire et paraitra convenable de décider, arrêter et accorder touchant l'objet ci-dessus rapporté ; vous donnant avis que si audit jour ne se trouvaient pas présents vosdits Procureurs, ou, se trouvant présents, n'avaient pas votredit pouvoir décisif et suffisant, avec les autres Procureurs de ces royaumes convoqués auxdites Cortès et qui s'y seraient rendus, je manderai de conclure et ordonner tout ce qui se devra faire pour l'objet ci-dessus exprimé, de la même forme et manière que si tous se trouvaient présents. Et afin que cette mienne lettre vous soit notifiée, je mande au

greffier public, quel qu'il soit, qui pour ce aura été
appelé, de donner à celui qui vous la montrera une
attestation authentique et faisant foi. — Du *Buen-Retiro*, le 6 septembre 1712.

» Moi, le Roi. »

Trois mois plus tard, le 9 décembre, le Roi
écrivait :

« Conseil, Justice, Régidors, Chevaliers, Ecuyers,
Officiers et Gentilshommes de la Noble Ville de
Madrid. Comme le royaume se trouve réuni en
Cortès, ainsi que vous le savez, pour établir et confirmer, avec force de loi, les renonciations réciproques de ma branche à la succession de la Couronne
de France, et des Branches actuelles et futures de la
Famille royale de France à la succession de ma
Monarchie ; l'exclusion absolue de cette succession
de toutes les Branches de la Maison d'Autriche ;
l'appel par préférence des descendants mâles de la
Maison de Savoie, dans les cas, que Dieu nous en
préserve, où feraient défaut toutes les lignes masculines et féminines de ma descendance ; le conseil d'Etat
obéissant à son zèle, son amour, et son sage dévouement pour le bien public de ce royaume, et le bien
de ma personne et de mon service, ce qui est une
même chose, sentiments inséparables de son institution et des grandes obligations des ministres qui
la composent, et m'ayant demandé et obtenu une
permission pour me représenter ce qu'il croirait

propre à mon service, au bien de la Monarchie et à
sa conservation dans ma royale ligne masculine, m'a
proposé, dans un mémoire développé, bien et forte-
ment raisonné, les motifs justes, légitimes et conve-
nables qui lui dictaient cet avis unanime : que j'ai
le pouvoir et le devoir de procéder avec les Cortès
à faire une loi nouvelle réglant la succession au
trône dans ma descendance, par les lignes masculines de préférence aux lignes féminines ; en plaçant
ma descendance masculine de mâle en mâle avant
celle des femmes, de sorte que le mâle plus éloigné
descendant d'un mâle soit toujours préféré à la
femme plus proche et à ses descendants, à la condition expresse que le mâle appelé à succéder soit
né et procréé en légitime mariage, qu'on observe
entre les frères le droit et ordre de primogéniture,
que le successeur au trône ait été élevé en Espagne
ou dans les domaines alors possédés par la Couronne,
et qu'il soit fidèle et soumis aux Rois. Les avantages
qui résultent de la mesure proposée pour la tranquillité future de mes royaumes, et les inconvénients et
incertitudes que cette mesure fait disparaître, autant
que la prudence humaine peut prévoir et se garantir,
sont exposés et indiqués avec tant de clarté et de
solidité dans la consulte du Conseil d'Etat, que la
résolution à prendre ne peut être douteuse. Toutefois
j'ai voulu le renvoyer au Conseil royal de Castille,
auquel par sa destination et sa science profonde
appartient spécialement l'examen des lois et des

raisons qui engagent, obligent et déterminent justement à expliquer, à améliorer et révoquer les anciennes lois et à en faire de nouvelles. Ledit Conseil étant assemblé, l'affaire ayant été examinée avec la plus soigneuse attention, le fiscal étant entendu, duquel l'avis, semblable à celui du Conseil d'Etat, fut appuyé, selon les obligations de sa charge, de divers raisonnements, le Conseil royal de Castille, sans diversité d'opinion et d'un sentiment unanime, reconnaissant la solidité et la force des principes sur lesquels le Conseil d'Etat appuie la justice et l'équité de la nouvelle loi proposée, et les nombreux et graves motifs d'utilité et de convenance permanente, pour l'intérêt public de mes Royaumes, se conforme entièrement à la proposition qui m'a été faite par le Conseil d'Etat, non-seulement quant au fond, mais aussi quant au mode de la mettre en pratique, avec le concours simultané des Royaumes, dans les Cortès, aujourd'hui réunies pour donner une plus grande validité, stabilité, et solennité à cet acte ; animé en cela, sans réserve, comme je l'ai toujours été, de zèle pour le bien-être présent et futur de mes Royaumes et de mes sujets, pour leur éviter les dangers, les inquiétudes et les hasards qui les menaceraient dans l'avenir, trouvant cette mesure appuyée par des votes aussi considérables et aussi rassurants que ceux de ces deux tribunaux, j'ai cru ne pouvoir donner à mes Royanmes et à mes sujets une plus grande preuve de mon amour, du désir de leur perpétuelle tranquillité, qu'en me conformant à cette proposition, qui, avec la bénédiction de Dieu, assurera leur avenir ; et c'est mon devoir de préférer leur bonheur à ma tendresse naturelle et à mes affections, car, si elles m'arrêtaient à décider en faveur des femmes de ma descendance, ce bonheur pourrait être compromis. Et afin que cette résolution ait son entier et solennel accomplissement , qui est chose nécessaire, je vous mande qu'aussitôt que vous recevrez cette lettre, assemblés en conseil et municipalité, selon l'usage et la coutume, vous donniez et octroyiez aux Procureurs et Députés, que vous avez nommés et qui se trouvent actuellement dans les Cortès, pouvoir suffisant, légitime , décisif, avec la liberté et étendue indispensables , comme vous en jouissez vous-mêmes, sans restriction ni limitation aucune, pour la valeur de l'acte qui doit être dressé, et ce sans retard aucun, lequel pouvoir vous remettrez dans le plus bref délai aux susdits Procureurs et aux Cortès pour l'objet ci-dessus exprimé ; vous avertissant que, si vous ne le faites, je manderai de conclure et ordonner tout ce qu'il sera convenable et nécessaire de faire. Et afin que cette mienne lettre vous soit notifiée, je mande au greffier public , quel qu'il soit, qui pour ce aura été appelé, d'en donner une attestation authentique et faisant foi. — De Madrid, le 9 décembre 1712.

» MOI, LE ROI. »

La loi de las Partidas si souvent violée jadis, était annulée et l'auto-accordato de 1713 remplaçait cette loi ; ce nouvel acte était approuvé par le conseil d'Etat et les membres du conseil de Castille. Les Cortès, de leur côté, furent réunis, et après avoir reçu un mandat spécial de la nation, ils rendirent une décision qui fut enregistrée dans les traités d'Utrecht et de Rastadt.

Après la lecture des documents que nous avons publiés plus haut, l'acte de Charles IV, en 1789, et que Ferdinand VII ordonna de publier en 1833, abroge-t-il la loi promulguée en 1713 par Philippe V ? Telle est la question qu'il faut se poser. On sait, au reste, comment les choses se passèrent. Les Cortès ne discutèrent même pas, et le gouverneur de cette assemblée fit entendre « que la volonté royale était de conclure cette affaire dans le plus bref délai. » Ni évêques, ni archevêques ne furent consultés.

En outre, Charles IV était-il le fondateur d'une dynastie nouvelle? En vertu de quel pouvoir opérait-il? Il faut, du reste, remarquer que la pragmatique de 1789 ne pouvait être ni du fait des Cortès, ni du fait de Charles IV, qui, après tout, en agissant ainsi, semblait fouler les droits de son fils, Charles V. Charles IV le comprit si bien qu'il ne publia pas en 1804 l'acte de 1789 dans le recueil des lois. Quant à l'acte de 1812, il n'est pas du tout sérieux, le roi Ferdinand VII étant prisonnier à Valençay, et les Cortès n'ayant pas été convoqués *ad hoc* comme sous Philippe V.

Le testament de Ferdinand VII fait et dicté par le parti libéral, qui s'était emparé du pauvre moribond, n'est pas non plus un acte sérieux, puisque plusieurs fois cet infortuné monarque rétracta sa parole devant la reine et les ministres, lorsqu'il disait : « Je ne veux pas qu'il en puisse coûter une seule goutte de sang à l'Espagne. »

Hélas ! ce 1830 espagnol devait amener une guerre cruelle qui dure encore, et jeter chez nos voisins d'outre-Pyrénées les premiers germes des doctrines subversives, représentées par le cantonalisme. L'acte signé par Ferdinand VII au milieu de son agonie était illégal ; l'archevêque de Tolède chargé, d'après les lois, de recevoir le serment, protesta ; on ne l'écouta pas ; Don Carlos et le roi de Naples, intéressés dans la question, ne furent pas non plus consultés. Aux yeux de tous les diplomates, l'acte était nul. Louis-Philippe lui-même qui allait régner aussi, de par l'usurpation, fut effrayé par l'acte imbécile de Ferdinand VII. Le sang versé lui était égal ; il ne poussait pas jusque-là la politique sentimentale, mais il craignait pour sa proie.

Je transcris à ce sujet, comme très curieux et pour faire plaisir à mes lecteurs, un passage de l'ouvrage du prince de Polignac, intitulé *Souvenirs :*

« A l'époque, dit-il, à laquelle se traitait la question relative à l'ordre de succession au trône d'Espagne, M. le duc d'Orléans (depuis Louis-Philippe) me rendait de fréquentes visites, le matin, au Ministère des affaires étrangères. Il me remettait diverses notes tendant à prouver que Ferdinand VII n'avait pas le droit d'abolir, par un simple décret, un ordre de succession reconnu par l'Europe, et garanti par ces traités...»

M. de Polignac raconte que le duc d'Orléans lui dit un jour : « Ce n'est pas seulement comme Français que je prends un vif intérêt à cette question, c'est aussi comme père. Dans le cas, en effet (ce qui n'arrivera jamais de mon temps), où nous aurions le malheur de perdre M. le duc de Bordeaux sans qu'il laissât d'enfants, la couronne reviendrait à mon fils aîné, pourvu que la loi salique fût maintenue en Espagne ; car, si elle ne ne l'était pas, la *renonciation faite par Philippe V au trône de France, en son nom et au nom de ses descendants mâles,* serait frappée de nullité, puisque ce n'est qu'en vertu de cette renonciation que les descendants mâles de ce prince ont acquis un droit incontestable à la couronne d'Espagne ; mais si ce droit leur est enlevé, ils peuvent réclamer celui que leur donne la loi salique française à l'héritage de Louis XIV. »

Après ces documents, il reste bien prouvé que Charles VII est le roi légitime d'Espagne. L'acharnement des libéraux contre sa cause, les injures que lui prodigue à tous moments la révolution prenant parti pour don Alphonse et la Prusse, prouveraient seules que Charles VII est le souverain désiré. Ajoutons à cela que Charles VII est une grande âme, qu'il aime la France et que dans l'union des races latines ce souverain aurait un rôle considérable. Tout gouvernement soi-disant libéral ne peut pas plus convenir à l'Espagne qu'à la France. Alphonse XII, se disant roi constitutionnel, essaye bien de protéger les intérêts religieux ; nous croyons qu'il ne fait que feindre, que c'est seulement par raison et par politique qu'il agit ainsi, mais que le cœur n'y est pour rien. Le libéralisme étant la révolution, ne peut poursuivre une politique favorable aux intérêts du Saint-Siége. Du reste la religion est aussi bien conspuée sous Alphonse que sous Seranno et Castelar. L'évêque de Jaen, dans une lettre au roi, s'en plaint assez vivement; il dit que la liberté des cultes a été toujours considérée en Espagne comme la liberté d'oppression.

Pour terminer cette étude sur la question espagnole , donnons ici l'opinion de M. le marquis d'Alex, spirituel et savant auteur espagnol :

« Personne n'ignore que le traité de paix de Versailles sera mis en lambeaux dès que la France sera en état de prendre sa revanche en Allemagne; dans ce cas, un prince Hohenzollern , roi en Espagne, nous obligerait à combattre sous les drapeaux de l'empereur d'Allemagne : nous, frères des Français et comme eux descendants des races latines, nous nous battrions contre notre propre race au profit de la race allemande!

» La France doit donc penser sérieusement aux périls d'une pareille éventualité et se prémunir, en temps opportun, contre la politique insidieuse et envahissante du prince de Bismarck.

» L'Espagne, sous un Hohenzollern, ferait, en cas de guerre, cause commune avec l'Allemagne, et la France serait exposée à une invasion du côté du Midi, tandis que l'Allemagne envahirait les départements du Nord.

» Nous ne mettons pas, le moins du monde, en doute la valeur et la bravoure de l'armée française; mais l'Allemagne, d'accord avec l'Italie et avec l'Espagne, rendrait bien critique la position de la France. Ce n'est pas nous qui les premiers donnons le premier cri d'alarme : l'éminent publiciste Louis Veuillot, a dit, il y a deux mois, qu Bismark avait besoin d'un Serrano en Espagne, en cas de guerre probable contre la France. Et, en effet, une armée de soixante mille Espagnols sur les frontières dés Pyrénées, obligerait la France pour garantir ses frontières méridionales à occuper une armée de deux cent mille hommes, qui manquerait ailleurs, sur le Rhin, par exemple. Si, par malheur, la France perdait la bataille décisive, ses pertes, seraient, au moins, trois fois plus considérables que dans la dernière guerre, et les limites de l'Allemagne seraient presque aux portes de Paris.

»Voilà les conséquences de la politique de M. Thiers à l'égard de l'Espagne et sa haine pour le parti légitimiste espagnol. Le maréchal Mac-Mahon a eu aussi son moment d'oubli, en permettant à des soldats républicains espagnols de conduire par le territoire français, des canons, des munitions de guerre et des vivres aux défenseurs de Puycerda, malgré les protestations de la presse légitimiste française.

» Ce ne peut être notre intention de faire la leçon au duc de Magenta ; mais qu'il nous permette de lui dire maintenant son plus grand ennemi est le gouvernement actuel de Madrid ; et si sa conduite politique ne change pas, la coalition allemande-italienne prendra de plus grandes proportions, et la France pourra demander un jour, au gouvernement un compte sévère sur sa faiblesse à défendre la race latine.

» D'un autre côté, la France a besoin d'alliances, et assurément les républicains ne peuvent lui en offrir, mais plutôt l'en priver. Ni l'Italie, ni les révolutionnaires espagnols de 1870, ni les Hohenzollern, ni don Alphonse de Bourbon, et encore moins la République cantonale ne se battront pour la race latine. Inutile de rien attendre du protestantisme. Le seul auxiliaire de la France, le seul qui défend la race latine et le catholicisme, qui la symbolise, est ce jeune monarque, ce jeune héros qui se bat aujourd'hui en Espagne pour la liberté, pour la patrie, pour le catholicisme.

» Charles VII amènera volontiers ses soldats pour combattre les projets absorbants de l'Allemagne, comme il s'est présenté, convaincu, à la tête d'une poignée d'hommes pour combattre la révolution espagnole, ses efforts ayant été couronnés par mille et mille victoires, grâce à Dieu et à la valeur de ses soldats. Son amour pour la France est bien connu ; à peine la guerre fut-elle déclarée par la France à l'Allemagne, que Charles offrit son épée pour l'indépendance de l'Alsace et de la Lorraine, conquise par son aïeul Louis XIV; — et disons-le, à la honte du gouvernement napoléonien, ces généreux sentiments ne furent pas acceptés; bien plus Charles VII reçut l'ordre de quitter la France dans les vingt-quatre heures.

» Le concours que les libéraux espagnols nous promettaient en cas de conflagration européenne, serait celui qu'ont obtenu les libéraux allemands la Bavière, la Saxe, le Wurtemberg et tant d'autres Etats indépendants, aujourd'hui vassaux de l'empereur Guillaume.

» L'Angleterre, de son côté, contemple avec effroi les instincts absorbants de l'Allemagne; heureusement pour elle, sa puissante marine la rend maîtresse des mers; mais si un jour un prince allemand dominait en Espagne, outre nos ports de mer qui passeraient aux mains du gouvernement allemand, les îles Canaries et autres ne pourraient-elles pas être cédées à l'Allemagne en échange de sa haute protection? L'Angleterre assurément en serait fort alarmée. »

Comme on le voit, par ces réflexions, la question espagnole est des plus graves et tient dans le concert des nations une place importante. Elle ne pourra être résolue que par le triomphe de Charles VII et la réconciliation complète de tous les membres de l'illustre famille des Bourbons d'Espagne qui iront un jour se grouper sous l'étendard triomphant de Navarre, portant dans ses plis la prospérité de l'Espagne et la devise chrétienne : « *Dios, Patria y Rey.* »

LA QUESTION ALLEMANDE.

« *L'Homme malade* » de l'Europe centrale, à l'heure présente, c'est l'Empire allemand. La digestion de nos cinq milliards, ne semble pas facile pour l'estomac de cette nation de Gargantuas, de cette puissance-champignon, obligée, pour vivre, de faire d'immenses sacrifices d'argent et d'hommes, comme si elle se trouvait à la veille d'une nouvelle guerre. Pour peu que cela dure ainsi dix ans, l'Empire allemand sera épuisé et affaibli. L'intérêt de la France est donc de se tenir prête et à laisser son ennemi mourir d'inanition et s'épuiser dans sa lutte époumonée contre le catholicisme, lutte d'un grand géant contre une ombre non moins gigantesque mais indescriptible. La guerre seule contre la France pourrait actuellement sauver l'Allemagne, mais la France ne lui prêtera pas le flanc, et l'Allemagne, soulevant toutes sortes de questions qui lui seront plutôt préju-diciables qu'utiles, montrera de plus en plus sa faiblesse.

La situation intérieure de l'Allemagne est en effet fort triste ; sans parler de l'émigration con-sidérable de ses habitants en Amérique, ce qui produit une diminution de citoyens dans le pays, et l'exportation de nombreux capitaux dans un autre contrée, la situation morale de l'Allemagne laisse très fort à désirer. Bien qu'il soit depuis longtemps de mode en Allemagne de ne parler de la France que comme un peuple dégénéré, flétri par l'abus des grossières jouissances, corrompu jusqu'au cœur et incapable en un mot de tout effort généreux et patriotique, l'Allemagne ne semble pas voir la lèpre qui l'envahit surtout depuis la guerre de 1870-1871.

Loin de contribuer à la moralisation de la po-pulation berlinoise, la victoire inattendue des Allemands a eu pour premier effet d'éveiller dans toutes les classes d'ardentes convoitises et de jeter sur le pavé un nombre considérable d'individus qui rapportaient chez eux des habitudes de pil-lage et de brutalité, et qui croyaient, d'ailleurs, grisés qu'ils étaient par l'énormité de la rançon imposée à la France, qu'ils avaient conquis le droit de ne plus travailler.

Dans le courant de l'année 1871, le Conseil municipal de Berlin a constaté qu'il y avait dans la ville ou moins 40,000 individus vivant de brigandage, de vol et de métiers honteux, et le 19 février 1872, il expliquait ainsi l'impuissance de la police :

« Il faut bien remarquer qu'elle a à surveiller non-seulement 30,000 filles de joie de quatorze à quarante ans, mais encore une bande presque aussi nombreuse d'estafiers connus sous le nom infâme de « Louis » et qui sont devenus la terreur de notre société. »

A toutes ces causes de désordre sont venus s'ajouter d'autres éléments non moins graves : l'accroissement disproportionné de la classe ouvrière, le manque d'ouvrage, la cherté des vivres et l'élévation subite des prix de loyers. A la fin de 1871, il n'était plus possible de se risquer sans armes dans les rues de Berlin, une fois la nuit venue, et l'on n'y était pas en sûreté même dans le jour.

Par une nuit très froide, au cœur de l'hiver, une battue contre les vagabonds produisit ce résultat étonnant : trois cents personnes, dont cinquante-deux femmes, furent trouvées couchées à la belle étoile, pendant que regorgeaient tous les lieux de refuge ouverts aux gens sans asile. Dans de telles conditions, l'exemple surtout venant d'en haut, l'immoralité publique fait chaque jour de tels progrès que la presse berlinoise s'est vue contrainte de reconnaître que tout ce qui se trouve de scandaleux dans les autres capitales de l'Europe, « même à Paris, » a été dépassé, et qu'un écrivain allemand, au lendemain des victoires prussiennes, a osé jeter ce cri : *Finis Germaniæ.*

En l'espace de neuf mois, à Berlin seulement, la police n'a pas arrêté moins de 390 enfants, âgés pour la plupart de moins de quatorze ans. Un enfant de neuf ans, à qui le juge reprochait de vagabonder au lieu d'aller à l'école, répondit : « A quoi me servirait d'apprendre ? pour ce que je veux faire, j'en saurais toujours assez. »

« Et que veux-tu faire ?

— Je veux faire un Louis. »

Le publiciste allemand à qui sont empruntés ces derniers faits, comme s'il tenait à ne laisser debout aucune des prétentions de ses compatriotes à la vertu, nous fournit encore cette preuve de la dégradation morale de Berlin : depuis longtemps on trouve à l'entrée des tribunaux des individus qui pour de l'argent se proposent comme témoins dans toute espèce d'affaires.

Les journaux ont raconté qu'un de ces industriels , abordant un plaideur, lui avait tenu ce langage :

« Cher Monsieur, si vous cherchez un témoin , prenez-moi : je jure pour moitié prix ; mes collègues prennent vingt-cinq sous, moi je n'en prends que douze. »

La complicité des classes élevées, plusieurs fois mentionnée dans le mémoire de 1869, s'est encore accentuée depuis la guerre.

La fièvre de l'agiotage a pris à Berlin des proportions qu'elle n'avait pas atteintes en France, même au plus beau temps de l'Empire. Exemple : la crise financière du mois de mars 1875 qui est le pendant de la fameuse crise de Vienne , durant l'année de l'Exposition.

Toutes les lois sont violées en vue d'un lucre illicite , et la noblesse est la première à se jeter à corps perdu dans les spéculations de Bourse et dans les grandes entreprises financières les plus extravagantes. On assure même que certains princes de maisons médiatisées ne reculent pas devant ces moyens pour relever leurs affaires. L'enquête sur les chemins de fer a révélé des monstruosités qui ne s'étaient vues nulle part ailleurs.

Cet aperçu rapide suffira pour faire connaître l'état social d'un peuple dont les écrivains et les hommes d'Etat se permettent de nous juger de si haut !... Que les Allemands après cela, parlent, s'il leur plaît, de la corruption française et qu'ils revendiquent comme leur patrimoine exclusif la sainteté du foyer domestique.

Si donc M. de Bismarck a été le Richelieu de l'Allemagne, il n'a pas eu comme notre grand ministre, le talent de civiliser ce peuple lourd et rapace, par une politique intérieure, habile et productive. Sa politique n'aura fait que grossir les appétits et les instincts grossiers de cette nation.

Son habileté sans doute a été grande, mais il faut avouer que l'homme a été singulièrement aidé par les événements. Si la France avait suivi alors sa politique traditionnelle le chancelier était arrêté net dans ses projets au moment de sa guerre contre le Danemarck, que je considère comme l'allumette qui a mis le feu aux quatre coins de l'Europe. En effet, en supposant que la France eut possédé son roi légitime, en 1864, époque à laquelle le Danemarck était au plus fort de sa lutte contre l'Allemagne qu'eût fait notre pays? Fidèle aux principes de la politique traditionnelle, il se fut entendu avec l'Angleterre qui préparait une intervention armée en faveur du Danemarck.

Dans le cas où notre voisine d'outre-mer se fût prêtée, à cette combinaison, nul doute qu'une guerre aussi injuste n'eût été arrêtée et que notre ancien allié, écrasé par des forces disproportionnées, n'eût rentré dans ses droits. Toutes les sympathies de la France étaient, à cette époque, en faveur de ce petit pays, mais les événements s'opposèrent à toute intervention pacifique.

Lord Palmerston, avait apporté déjà au conseil des ministres un projet de discours du trône, d'allure belliqueuse, blâmant en termes formels les procédés de l'Allemagne envers le Danemarck, mais Lord Russell, le libéral, le wight protestant et fanatique, ami de la Prusse pendant notre guerre de 1870, fut d'un avis contraire et tout sentiment généreux fut arrêté dès le principe. Quelque temps après, Lord Russell, chef du Foreing-office, poussé par l'opinion publique, feignit pour calmer cette opinion, de reprendre l'entente avec la France, mais ce n'était qu'un piège ; il voulait nous engager dans une impasse pareille à celle du Mexique en nous envoyant lutter sur le Rhin tout seuls contre l'Autriche et la Prusse réunies, tandis que l'Angleterre se serait bornée à l'envoi d'une flotte dans la Baltique. Heureusement que M. Drouyn de Lhuys ne se laissa pas prendre à ce jeu diplomatique. Mais si la France avait eu à cette époque son roi légitime, les choses se seraient passées autrement et la parole de la grande nation aurait été écoutée par tous ; un congrès aurait facilement résolu la question et l'article 5 du traité de Prague aurait certainement été respecté. Nous plaçant sur le terrain de la politique de Napoléon III, c'est-à-dire en 1864, après les événements d'Italie, je crois qu'une déclaration de guerre aurait pu être faite aux puissances allemandes engagées dans le Danemarck, si on avait été sûr du concours de l'Italie. Alors la France, l'Italie, l'Angleterre, et le Danemarck, (cette dernière puissance tenant à elle seule en échec plus de 90,000 des meilleures troupes de la Prusse et de l'Autriche), auraient pu venir à bout de l'Allemagne. La guerre de 1866 était alors évitée, et par conséquent celle de 1870, conséquence de la première. On sait comment finit l'expédition du Danemarck ; le roi cédait aux puissances alliées : le Sleswig, le Holstein et le Lauenbourg, c'est-à-dire un tiers de sa population.

Passons à une autre événement et voyons quelle ligne de conduite la France, bien dirigée par les principes de sa politique traditionnelle et non par l'épée sottement batailleuse d'un César du Bas-Empire, aurait suivie. Au mois d'avril 1866, une crise grave éclatait en Allemagne ; son caractère qui était des plus aigus faisait prévoir chez nos voisins du Nord de graves événements. L'anxiété était grande dans les provinces rhénanes, où l'on redoutait la prochaine entrée des Français ; de tous côtés on ne parlait que des difficultés qui étaient sur le point d'éclater entre la Prusse et l'Autriche, relativement à la question des duchés. Déjà l'opinion s'en était préparée, et les meilleurs citoyens de la France, ceux qui avaient étudié la politique de nos anciens rois et de leurs descendants, engageaient nos diplomates à brusquer les choses et à déclarer une guerre dont l'issue n'était pas douteuse. A peine l'Autriche était-elle entrée en campagne, que la France devait envahir les provinces du Rhin, qui jadis lui avaient appartenu et qui sont ses limites naturelles. Les esprits forts, sages et réfléchis. le pensaient tous ainsi ; la franc-maçonnerie et les protestants faisaient seuls des vœux pour la Prusse et pensaient tout le contraire. M. Thiers (à cette époque il lui restait une conscience) écrivait le 30 mars 1866 à M. de Parieu : « Je regarde la conduite de la France envers le Danemarck comme fort peu avisée, celle de la Prusse comme inique et la guerre qui menace l'Europe comme un châtiment de l'injustice commise. » Hélas ! il pensait vrai, c'est la France qui avait laissé faire l'injustice, c'est elle aussi qui devait être châtiée.

Elle resta sottement neutre en 1866, tandis que les ultramontains et le parti guelfe allemands étaient partisans déterminés de l'Autriche ; quant au parti progressiste il n'aimait pas M. de Bismarck ; en Saxe, toute la population était hostile à la Prusse. A Francfort, l'exaspération contre M. de Bismarck et la Prusse était à son comble ; jamais l'émotion n'avait été telle dans les pays rhénans. La terreur qui régnait à Cologne était si grande que l'on ne voulait plus accepter les billets de la Banque de Prusse. Tel était l'état des esprits de l'Allemagne au moment de la déclaration de guerre ! Quelle belle occasion manquée ! Mais bientôt toute idée d'invasion française avait disparu, et le sentiment général changea brusquement, la croyance était universelle chez les populations riveraines du Rhin qu'un accord existait entre M. de Bismarck et Napoléon III, par la cession d'une partie du territoire rhénan, moyennant la neutralité de la France.

C'était tout simplement une manœuvre révolutionnaire dirigée contre la France.

Qu'y avait-il de vrai là ? Rien. L'Autriche était battue et la France toujours dirigée par des mains révolutionnaires, laissait grandir ses ennemis et

se former à ses portes deux nations redoutables,
unies dans un même but anti-religieux, l'Italie
et l'Allemagne. La France était engourdie au
milieu des vils plaisirs ; toute entière à son Exposition de 1867, elle ne voyait pas son amoindrisse-
ment physique et moral. M. de Chaudordy voyait
bien ce qui allait en advenir quand il laissait entre-
voir dans une conversation les inquiétudes de son
patriotisme :

« La partie, me dit M. de Chaudordy, est perdue pour la France, et perdue pour longtemps.
Le replâtrage de l'affaire du Luxembourg n'a con-
tenté personne. C'est pour la France ce que la
convention de Gastein a été pour l'Allemagne :
une trêve qui sera suivie d'une explosion. Croyez-
le bien, en 1866 l'empereur a été l'adversaire de
l'Autriche, et ses sympathies ont toujours été
pour la Prusse. Il est singulier que personne n'ait
voulu le voir, et pourtant il en avait maintes fois
donné la preuve. La lettre au prince d'Augusten-
bourg a été son œuvre personnelle. Il a voulu
l'alliance avec la Prusse, qui aurait peut-être pu
lui donner des avantages, mais M. Thiers et l'o-
pinion publique l'en ont empêché. L'empereur,
en 1866, n'a pas su agir avec assez de fermeté, et
lorsque enfin il a voulu obtenir quelque chose de
M. de Bismarck, il était trop tard. M. Drouyn

de Lhuys, par contre, était pour l'Autriche, qu'il
voulait sauver ; il était donc absolument conséquent avec lui-même lorsque, après Sadowa, il
demandait l'intervention armée de la France, et
cette intervention aurait probablement tourné à
notre avantage. Mais l'empereur n'en a pas voulu.
Ainsi, l'empereur ayant une opinion, et **M.**
Drouyn de Lhuys une autre, voilà comment nous
nous trouvons à présent dans une situation extrêmement précaire vis-à-vis de l'étranger. Aussi
je ne prévois que des désastres pour la politique
française à l'extérieur. »

L'avenir n'a malheureusement que trop justifié
ces prévisions.

Voici aussi à cette occasion les paroles de
M. Thiers, recueillies dans une conversation avec
plusieurs diplomates Danois:

« La position de la France, à l'extérieur, va
devenir très difficile. Nous serons isolés en Europe. Je suis convaincu qu'une alliance se fera
entre la Russie et la Prusse, si elle n'est déjà un
fait accompli. On n'attaquera pas la France, mais
les autres feront tout ce qui leur plaira, sans s'occuper de nous. La Prusse, en particulier, s'éten-
dra tout doucement en Allemagne. Peut-être même
le roi Guillaume se fera-t-il proclamer empereur
par un parlement allemand. La France pourra-t-elle

supporter tout cela tranquillement ? Voilà la question. On est très mécontent, en France, des derniers événements qui se sont passés à l'étranger, mais l'opposition ne veut prendre aucune initiative ; elle laissera la responsabilité au gouvernement. Quant à moi, je crois nécessaire d'arrêter les progrès de la Prusse ; mais je ne désire pas une guerre avec elle à présent. Dans deux ans seulement, quand l'Autriche sera prête, le moment sera venu pour la France de s'opposer à l'ambition de la Prusse les armes à la main. Mais, pour cela, il ne faut pas faire des folies, telles que le gouvernement est en train d'en commettre avec son grand emprunt pour le percement de nouvelles rues et pour des expériences soi-disant économiques. Je considère tout cela comme insensé, dans un moment où la France a plus que jamais besoin de son argent. C'est aussi pour cette raison que Fould se retire ».

Tels sont les principales péripéties de la diplomatie funeste de l'Empire, vis-à-vis de l'Allemagne. Depuis la fatale période de 1830, rien n'a été fait de ce côté, pas plus que du côté de la Russie, et le grand rôle civilisateur de la France a semblé disparaître pour toujours du monde. Ce rôle providentiel ne pourra être repris qu'avec Henri V, qui seul est capable et a mission de nous apporter alliance et crédit en Europe, de telle façon que l'on pourra mettre un jour en pratique ce que Frédéric II de Prusse disait, au siècle dernier de notre pays : « Si j'étais roi de France, il ne se tirerait pas un coup de canon en Europe sans ma permission. »

CONCLUSION

Des quelques considérations historiques, que je viens de classer en plusieurs chapitres, je dois tirer forcément une conclusion, courte, simple et claire.

Ce qui nous frappe au premier abord, c'est la lutte permanente qui existe entre deux idées, ayant pris naissance dès l'origine des siècles : l'idée révolutionnaire et l'idée religieuse. Il découle surtout des événements prodigieux qui se sont accomplis dans ces vingt dernières années, que tous ont une origine commune : l'idée révolutionnaire. Les promoteurs de cette idée ne nous étonnent pas, et les faits causés par leurs manœuvres sataniques, n'ont pas, à proprement parler, un intérêt de nouveauté pour l'histoire. C'est toujours la politique de l'intérêt personnel et anti-religieux avec son âpreté ordinaire, qui continue son œuvre ; c'est la lutte acharnée

contre la fille aînée de l'Eglise, contre cette nation
-française qui possède encore en quelque lieu se-
cret, l'épée de Charlemagne, avec laquelle un jour,
elle pourrait frapper un grand coup.

Outre la lutte religieuse que l'observation de
chaque question nous a révélée, il existe, se rat-
tachant un peu aussi à la même idée, la lutte entre
la civilisation latine et cette prétendue civilisation
tudesque qui n'est autre chose qu'un asservissement brutal de la pensée et des hommes, une sorte
de césarisme grossier et infécond, entiché d'une
forte dose de matérialisme et d'autres doctrines
malsaines.

La seule barrière contre ces invasions germaniques d'hommes et d'idées, est toute trouvée dans
l'union des races latines, dans une sorte de Confédération de la France, de l'Italie et de l'Espagne,
sous des sceptres différents, mais sous une idée
commune : l'idée religieuse.

Avec une pareille base d'opération, il nous sera
possible de nous relever rapidement et de trouver
dans notre puissante vitalité, de nouvelles forces
pour remanier la carte de l'Europe, suivant un
ordre d'idée plus en rapport avec nos aspirations
politiques et plus conforme à nos traditions réli-
gieuses. Il découle donc encore de notre étude, que
la France doit reprendre sous l'égide de son roi

légitime, la place que MM. de Chateaubriand et de
la Ferronays lui avaient conquise en 1829 au
milieu de l'Europe, c'est-à-dire, que le remaniement complet de la cartede l'Europe, par l'alliance
des races latines avec les races slaves et l'Autriche,
est le but vers lequel nous devons tendre. Et voici
à quelle transformation nous arrivons :

La Prusse et la Turquie sont tout d'abord sacri-
fiées, la première de ces puissances étant réduite
à ce qu'elle était avant Frédéric II, et la seconde
refoulée en Asie Mineure. Plusieurs peuples s'a-
grandissent , la France par la conquête du Rhin,
l'Autriche par celle de la Silésie et par sa prépon-
dérance dans la Confédération germanique ; l'Italie
reste ce qu'elle est aujourd'hui, mais devient une
Confédération sous l'hégémonie pontificale ; les
peuples chrétiens de Bosnie, Valachie, Roumélie,
Montenegro, Serbie, etc., deviennent indépendants
et neutres comme la Belgique et sont placés sous le
protectorat des grandes puissances ; la Pologne
libre, forme aussi un état neutre ; le Danemarck,
reprend les districts du Nord du Sleswig. La
Russie s'approprie Constantinople et la partie
nord-est de la Turquie ; la Grèce, la partie sud de
la Turquie. Quant à l'Angleterre, elle cède Gibral-
tar à l'Espagne, et en revanche de la prise de
Constantinople, la Russie lui trace une solide fron-

tière du côté des Indes. Jérusalem est déclarée ville neutre.

Tel est le remaniement général de la carte de l'Europe. Ce programme effrayant pour beaucoup sera bien vite suivi et éxécuté le jour où Henri V occupera le trône de France, car ce jour-là toutes les combinaisons révolutionnaires tomberont d'elles-mêmes. Rien ne pourra arrêter l'œuvre du temps et notre régénération se fera ainsi par la force des choses. Les ennemis de notre grandeur nationale, s'ils se trouvent la plupart à l'étranger, sont aussi très nombreux en France, et mettront tout en branle pour empêcher l'accomplissement de cette grande œuvre, mais tout sera déjoué et plans révolutionnaires, constitutions anti-nationales et constituants seront renversés.

Les prétendus promoteurs de l'idée humanitaire qui veulent nous faire croire que le cosmopolitisme vaut mieux que le patriotisme seront alors les premiers sans doute à reconnaître leur erreur ; car le roi arrivera non avec des théories, mais avec des principes, une épée à la main et avec le bon esprit de laisser de côté toute politique de sentiment.

Il ressort encore de notre étude que toute nation qui a un principe de vie a forcément une constitution et que dès lors vouloir en faire tous les dix ans de nouvelles est plus qu'une folie, une anomalie ou une dérision, c'est un crime de lèse-nation. La seule Constitution que nous reconnaissions est celle qui a été formulée en 1789 par Clermont-Tonnerre sur le témoignage unanime de tous les baillages de France. Elle avait cours avant la réunion des Etats-généraux. La voici, elle est immuable:

Art. 1er. Le gouvernement français est un gouvernement monarchique.

Art. 2. La personne du roi est inviolable et sacrée.

Art. 3. La couronne est héréditaire de mâle en mâle.

Art. 4. Le roi est dépositaire du pouvoir exécutif.

Art. 5. Les agents de l'autorité sont responsables.

Art. 6. La sanction royale est nécessaire pour la promulgation des lois.

Art. 7. La nation fait la loi avec la sanction royale.

Art. 8. Le consentement national est nécessaire à l'emprunt et à l'impôt.

Art. 9. L'impôt ne peut être accordé que d'un terme à l'autre des Etats généraux.

Art. 10. La propriété sera sacrée.

Art. 11. La liberté individuelle sera sacrée.

Personne ne songeait, en 1789, à s'écarter de ces points fondamentaux ; qu'on lise par exemple le serment du Jeu de Paume ; les députés du Tiers parlent-ils de donner à la France des institutions nouvelles ? Ils s'engagent seulement « à FIXER » la Constitution du royaume et à MAINTENIR » LES VRAIS PRINCIPES DE LA MONARCHIE. »

Telle est la question fondamentale du droit traditionnel et de toute politique intérieure. Hors de là, point de salut !

Maintenant chacun à son poste, pas de découragement, pas de capitulations, pas de malédictions, car l'avenir est à nous. Nous avons un Roi, nous avons un Dauphin de France et Dieu est avec nous. Mettons le divin maître de notre côté et la victoire est certaine : *Si Deus nobis quis contra nos !*

TABLE DES MATIÈRES

..... — Imp. P. Lafare, place de la Couronne.

9 782013 481090